14살에 시작하는
처음 서양 고전

| 일러두기 |

1. 이 책에 나오는 고전의 원문은 책 뒷부분에 밝힌 참고 도서를 바탕으로 저자가 번역 또는 평역한 것입니다.

2. 4장 『오디세이아』 가운데 '현대에 살아 있는 나눔의 전통'이라는 글은 한국출판문화산업진흥원이 운영하는 독서 포털 사이트 '독서IN' 2018년 4월 3일자 〈명자의 엉뚱한 고전 읽기〉 '오디세이아, 위대한 휴머니즘'에 게재한 내용의 일부입니다.

3. 10장 『플루타르코스 영웅전』 가운데 '알렉산드로스 리더십'이라는 글은 '독서IN' 2018년 10월 1일자 〈명자의 엉뚱한 고전 읽기〉에 게재한 내용을 고쳐 쓴 것입니다.

14살에 시작하는

웹툰보다
재미있는
고전 읽기라니!
말이 돼?

처음 서양 고전

명로진의 유쾌한 고전 읽기 2탄

명로진 지음 | **서은경** 그림

북멘토

아름다운 청소년 독자들에게

청소년 여러분은 빨리 어른이 되고 싶겠지요? 하지만 전 청소년 시절로 돌아가고 싶어요. 공부만 빼면 학교도 다닐 만했는데 말이죠. 여러분은 어떤 과목을 좋아하나요? 아니, 좋아하는 과목이 없어도 돼요. 운동은 잘하나요? 아니, 운동 잘 못해도 괜찮아요. 무슨 꿈을 꾸고 있나요? 아니, 꿈이 없어도 좋아요. 건강하기만 하면. 아니, 건강이 조금 좋지 않아도 상관없어요. 그저 존재한다면 말이죠.

믿기지 않겠지만, 여러분은 그저 숨 쉬며 살아 있기만 해도 아름다워요. 부모님이든 형제든 친구든 누군가 여러분에게 이렇게 해라, 저렇게 해라, 하고 닦달하면 이 책을 보여 주면서 말하세요.

"이것 보세요. 우리 나이는 숨만 쉬고 있어도 아름다운 거라고요."

여러분은 딱히 무엇을 하지 않아도 좋아요. 하지만 반대로 무엇을 해도 좋은 나이랍니다. 뭔가를 탐구하고, 모색하고, 질문하기에도 좋은 시기지요. 세상에는 볼 만한 영화도 많고, 가 볼 만한 여행지도 많고, 읽어 볼 만한 책도 많아요. 삶이라는 그 어마어마한 모험의 출발선에 여러분은 서 있어요.

인류는 지금까지 찬란한 문명을 건설하면서 지식도 함께 쌓아 왔어요. 그런데 인류의 가장 빛나는 지혜의 대부분이 기원전 9세기에서 서기 2세기 사이에 이루어졌어요. 마차 바퀴를 지지하는 축에 빗대어 이 시기를 '축의 시대'라고 한답니다. 이때 수많은 사상과 철학이 나타나 우리 생각의 토대가 되었지요.

이 책에는 축의 시대에 나타났던 서양 사상이 담긴 인문학 고전 열 권의 이야기가 들어 있어요. 흔히 '서양 고전'이니 '인문학'이니 하면 어렵다고 생각하는데, 사실 굉장히 재미있어요. 그 재미를 혼자 맛보기 억울할 정도여서 여기에 풀어 놓습니다. 한번 읽어 보세요. 그런데 읽다 보면 너무 재미있어서 "풉!" 하고 뿜을지도 몰라요. "이 책 쓴 사람 개그맨이야?"라고 할지도 몰라요. 미리 말하는데, 무슨 일이 생겨도 난 책임 못 집니다. 그리고 존댓말은 여기까지입니다.

녹음이 우거진 한라 수목원에서
명로진

차례

머리말 _ 아름다운 청소년 독자들에게 004

1. 『신통기』

개성 만점 그리스 신들의 계보를 한눈에! 011

호메로스를 누른 이야기꾼, 헤시오도스 | 고대 그리스, 서양식 민주주의의 기틀이
되다 | 인간을 너무나 닮은 그리스 신들 | 불의 신을 밀어낸 술의 신 | 세상과 신들
의 탄생 | 왜 키클롭스의 눈은 하나뿐일까? | 반란과 복수라는 운명의 굴레에서 |
어머니 사회에서 아버지 사회로 | 판도라의 상자에 남은 것 | 제우스가 최고의 바람
둥이가 된 이유 | 아테나가 제우스의 머릿속에서 태어난 이유 | 영웅의 어머니는 여
신이다

2. 『변신 이야기』

천재 작가가 탄생시킨 '그리스 로마 신화'의 오리지널 버전 035

어디서 많이 듣던 이야기인데? | 셰익스피어가 가장 존경했던 작가 | 왜 변신 스토
리가 신화의 주요 이야기가 된 걸까? | 그리스 이름과 로마 이름 | 금, 은, 동, 철! 인
간이 거쳐 온 네 가지 시대 | 여기저기서 발견되는 대홍수의 기록 | 살아남은 자들
의 역할 | 뱀은 어쩌다 악한 동물이 된 걸까? | 아폴로를 거부하고 월계수로 변신한
다프네 | 사랑의 여러 얼굴을 보여 주는 『변신 이야기』 | 신화는 상징과 비유의 세계

3. 『일리아스』

트로이 전쟁 영웅들의 불꽃같은 삶 063

서양인의 '단군 신화' 같은 이야기 | 대시인 호메로스는 어떤 사람일까? | 맹세로 형성된 헬레네 구조대 | 분노 대장 아킬레우스 | 파트로클로스 추모 경기 대회 | 신과 인간이 함께 얽히고설킨 전쟁 | 적장을 감동시킨 부성애 | 비로소 분노를 내려놓은 영웅, 그리고 그의 운명 | 호메로스를 왜 읽어야 할까?

4. 『오디세이아』

모험, 표류, 사투! 3천 년 전의 어드벤처 로드 무비 087

오디세우스 이야기를 둘러싼 여섯 가지 의문점 | 오디세우스가 고향으로 돌아가지 못한 이유 | 고통 없이 편하게 살다 간 영웅은 없다! | 오디세우스는 어디 어디를 돌아다녔을까? | 페넬로페에게 구혼자들이 많았던 이유는 뭘까? | 구혼자들은 어떻게 공짜로 밥을 먹었을까? | 고대 그리스에서는 이미 무상 급식을 실시했다 | 호메로스는 수식어 천재 | 오디세우스는 굳이 구혼자들을 다 죽여야 했을까? | 오디세우스는 구혼자 유족들과 어떻게 화해했을까?

5. 『소크라테스 이전 철학자들의 단편 선집』

소크라테스보다 먼저 주옥같은 말을 남긴 사람들 109

소크라테스가 처음은 아니야 | 일곱 명의 현명한 사람들 | 물질의 근원을 찾으려 한 철학자들 | 변하는 것은 없다고 믿은 엘레아학파 | 그 외의 철학자들

6. 『소크라테스의 변명』

법정에 선 철학자의 치열하고 냉철한 자기변호 127

소크라테스가 죽기까지 | 사형을 당하게 된 정치적 이유 | 질투와 시기의 결과 | 고소에 대한 반박 | 소크라테스의 애국심 | 이대로 나의 길을 가련다 | "차라리 항변하고 죽는 것을 택하겠다!" | 배심원들을 향한 소 선생의 거침없는 말, 말, 말 | 죽음에 대한 놀라운 아이디어 | 아버지로서 전하는 마지막 부탁

7. 『향연』

아름답고 궁상맞은 사랑에 대하여 149

어느 모임에 관한 이야기 | 향연, 심포지엄 | 고대 그리스에도 있었던 동성애 | 불청객을 대하는 신사 정신 | 불꽃같은 눈빛을 주고받는 남자들 | 사랑이 무어냐고 물으신다면 | 잃어버린 반쪽을 찾아서 | 사랑의 신 에로스는 누구? | 소크라테스, 사랑에 대해 입 열다 | 술에 취해 등장한 소크라테스의 연인 | 소크라테스의 아슬아슬한 삼각관계 | 누군가를 진짜 사랑하고 있다면

8. 『역사』

페르시아 전쟁을 통해 만나는 다양한 문화 이야기 173

헤로도토스의 글쓰기 비결 | 증명할 수 있는 것만 쓰자 | 페르시아 전쟁과 IMF 외환 위기 | 페르시아군은 왜 그리스군에게 당했을까? | 승패를 가른 차이, 참전과 관전 | 이기거나 죽거나 | "문화란 옳고 그른 게 아니야" | 그래도 이상하고 수상해 보이는 풍습들 | 믿거나 말거나 | 노예들이 가장 무서워하는 것은?

9. 『니코마코스 윤리학』

어떻게 살아야 행복할까? 아들에게 전하는 행복론 199

아리스토텔레스의 생애 | 아들아, 너는 이렇게 살아라 | 행복은 습관이 중요해 | 나를 사랑해 주는 사람을 찾자 | 뭘 해도 모자라지 않게, 지나치지 않게 | 행복이 무엇인지 묻는다면

10. 『플루타르코스 영웅전』

영웅은 어떻게 사람들의 마음을 얻을까? 219

귀를 쫑긋 세우게 되는 플루타르코스의 강의 | 스파르타의 기초를 세운 인물 | 골고루 잘 살기를 바랐던 리쿠르고스의 개혁 | 스파르타 사람들은 어떻게 살았을까? | 알렉산드로스 리더십 | 알렉산드로스와 칭기즈 칸의 다른 점 | 나의 관심사는 오로지 명예와 승부! | 병사들을 자신의 팬으로 만든 비결은 뭘까?

참고한 책 237

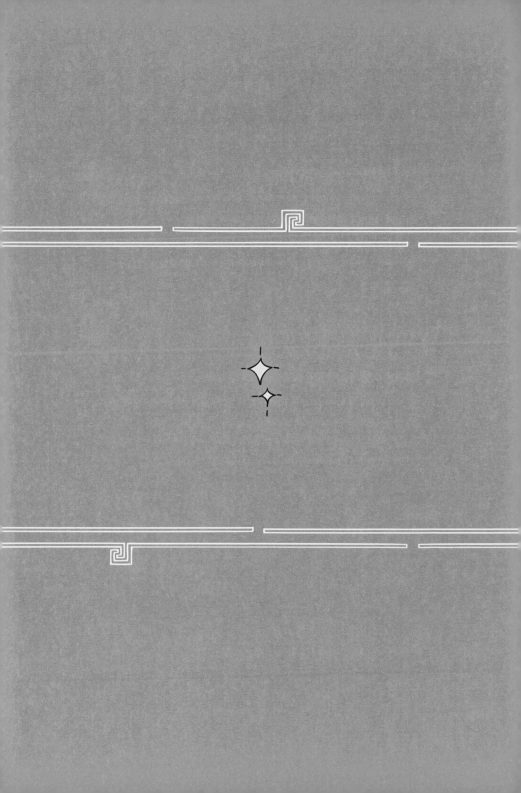

1

『신통기』

개성 만점 그리스 신들의 계보를 한눈에!

호메로스를 누른 이야기꾼, 헤시오도스

서양 역사 기록의 시초를 장식한 두 사람의 시인이 있어. 호메로스와 헤시오도스야. 둘 다 고대 그리스 사람이고 B.C. 8세기에 활동했어. 정확한 생몰 연대는 알 수 없지만 헤시오도스는 B.C. 740년에서 B.C. 670년 사이에 활약했지. 둘 다 시인이지만 이야기를 만들었어. 이때 시는 이야기였거든. 당연히 시인은 이야기꾼이었지. 시인은 사람들 앞에서 시를 외워 읊듯이 이야기를 했어. 그리스 전통의 서사시 구조를 헥사미터hexameter(6보격)라고 하는데 여섯 개의 단어로 이어진 시를 랩하듯 이어 나갔지.

헤시오도스가 쓴 서사시 『노동과 나날』을 보면 젊었을 때 그는 헬리콘산에서 양을 치며 살았어. 헬리콘산은 그리스 보이오티아 지방 남쪽에 있는데, 높이는 1,778미터이고 무사Mousa 여신의 성지야. 헤시오도스는 아버지가 세상을 떠난 뒤에 유산으로 물려받은 작은 땅에서 곡식을 길러 먹고살았지. 금수저까지는 못 돼도 동수저 정도는 되었던 모양이야. 헤시오도스는 그리스의 전쟁 영웅을 기리는 시인 경연 대회에서 호메로스를 누르고 1위를 차지했어. (그런데 지금까지 남아 있는 작품들은 호메로스 것이 더 유명해. 인기는 성적순이 아닌가 봐.)

인기 투표였으면 내가 1등인데….

호메로스

시인경연대회

헤시오도스는 발이 셋 달린 우승 컵을 받아 헬리콘산의 무사(그리스어 μούσα의 우리말 발음. 복수형은 무사이, 영어로는 뮤즈Muse) 여신들에게 바쳤어. 왜냐하면 예술을 주관하는 무사 여신이 양치기였던 자신에게 노래를 가르쳐 주었기 때문이라는 거야. 이렇게 거짓말을 술술 잘하니 이야기도 잘 지어 냈던 걸까?

고대 그리스, 서양식 민주주의의 기틀이 되다

무사 여신들은 사랑스러운 노래를 흥얼거리며 만물의 법칙과 고귀한 신을 찬양한다. 그들이 아름다운 노래를 부르며 올림포스로 걸어가니 온 땅이 환영했다. 아버지 제우스에게 다가가자 그들의 발걸음조차 낭랑했다. 제우스는 신 중의 신으로 하늘을 다스리고 있으며 오직 그만이 천둥과 번개를 갖고 있다. 아버지 신은 신들에게 많은 것을 공평하게 나누어 주고 그들의 명예를 지키게 했다.

고대 그리스는 왜 서양 역사의 모범이 됐을까? 그리스 신화는 왜 로마로 이어져 이후 중세와 영국을 거쳐 서양 문화의 주축이 됐을까? 그리스 문화는 왜 오늘날까지 서양식 민주주의의 뿌리가 됐을까? 그들이 수천 년 동안 전해 온 '이야기'를 살펴보면 어렴풋이 그 해답을 알 수 있어.

『신통기』에는 "제우스가 신들에게 많은 것을 공평하게 나누어 주었다."라는 이야기가 나와. 그리스 신화를 보면 제우스는 형제들과 함께 자기 아버지이자 독재자인 크로노스를 물리쳐. 그리고 그들과 권력을 나누지. 자신은 하늘을 다스리고, 포세이돈은 바다를, 하데스는 지하 세계를 다스리게 돼. 온 세상을 셋으로 나누어 통치하는 거야. 독점하거나 강요하지 않아. 제우스의 명령에 다른 신들은 복종하지만, 가끔 반대하거나 반발할 때도 있어. 그러면 신들은 함께 회의를 하고 제우스는 그들의 의견을 묻기도 해.

고대 그리스는 시민, 외국인, 노예로 구성된 다양한 폴리스로 이루어져 있었어. 테베, 스파르타, 아테네 같은 폴리스는 하나의 도시이면서 국가의 역할을 했지. 그리스 시민들은 서로 같은 말을 썼지만 각각의 폴리스는 독립적인 조직체였어. 그리스를 대표하는 폴리스인 아테네는 B.C. 8세기부터 B.C. 6세기까지 정치적으로 중요한 변화를 거쳤어. 아테네 정치 체제는 한 사람의 왕이 다스리는 군주제에서 다수의 귀족이 다스리는 과두제를 거쳐 시민 전체가 폴리스의 중요한 정치적 결정에 참여할 수 있는 민주제로 발전했지.

B.C. 5세기, 지금으로부터 2,400년 전에 아테네는 이미 시민 다수로 구성된 민회(지금의 국회와 비슷한 정기적인 시민 총회)가 나라의 중요 사안을 논의하는 민주 정치를 구현했어. 어떤 사안을 투표를 통해 다수결로 결정하는 방식도 마련했지. 이런 제도는 하루아침에 생긴 것이 아니야. 그리스 사람들은 오래전부터 '세상은 공평해야 한다.'라는 생각을 갖고 있었어. 이런 생각은 『일리아스』나 『오디세이아』 등에도 잘 나타나 있어. 이 두 작품에 자주 등장하는 문장은 이런 거야.

그들은 서로 불만 없이, 공평하게 식사를 나누고 나서 이야기를 시작했다.

공평하게 식사를 나누어야 불만이 없는 거야. 누구는 등심 스테이크를 배불리 먹고 누구는 거친 밥에 나물밖에 못 먹는다면 여기서부터 불만이 시작되겠지. 뭐? 채식주의자라 고기를 싫어할 수도 있는 거라고? 그건 그렇지.

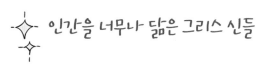
인간을 너무나 닮은 그리스 신들

『신통기』에는 그리스의 신들이 어떻게 탄생했고 그들이 서로(또는 인간과의) 결혼 관계를 통해 어떤 후손을 낳았는지 기록되어 있어. 『신통기』에 나오는 그리스 신은 여러 명이야. 신 역시 인간과 같은 감정을 지녔지. 미워하고 사랑하고 질투하고 싸우고 다시 화해해. 이것이 기독교 성경에 나오는 신과 다른 점이야. 성경과 그리스 신화에 나오는 신을 비교한 표를 보자.

■ 성경과 그리스 신화 속 신의 개념 비교

	성경	그리스 신화
신의 수	유일신	다신多神
신과 인간의 비교	인간과 다른 전지전능한 신	인간과 비슷한 성격의 신
신과 인간의 관계	인간은 신의 피조물	인간과 신은 둘 다 피조물
인간을 보는 시각	인간은 신을 섬기는 존재	인간은 신처럼 될 수 있는 존재

그리스 문화를 '인본주의'라고 해. 신보다 인간이 중요하다는 뜻이지. 바로 이런 사상 때문에 그리스는 페르시아나 이집트를 누르고 서양의 가장 중요한 문화로 설 수 있었어. 그리스 문화가 신화를 바탕으로 한다는 점은 더 이상 설명할 필요가 없겠지?

그리스의 신을 모두 아는 건 불가능해. 이들이 서로 어떻게 얽혀 있는지 다 알려면 수백 장짜리 책으로도 부족할 거야. 앞으로 『변신이야기』나 『일리아스』, 『오디세이아』를 통해 그리스 신에 관해 많이 이야기할 테니까, 여기에서는 그리스 최초의 신과 올림포스 12신을 중심으로 이야기해 볼게.

무사 여신들은 노래한다.

적을 물리치는 방패를 가진 제우스를

아르고스의 주인인 헤라를

황금 샌들을 신고 나는 헤르메스를

밝은 눈의 아테네를

찬란히 빛나는 아폴론을

활을 쏘는 아르테미스를

대지를 흔드는 포세이돈을

존경스러운 테미스를

_____ 한 아프로디테를

황금 머리띠의 헤베를

아르고스는 펠레폰네소스에 있는 도시를 말해. 아르고스 사람들은 헤라 여신을 섬겼어. 또 아르고스라는 거인이 있어. 이 거인은 눈이 100개나 돼. 그래서 별명이 '모든 것을 보는 자'라는 뜻의 파놉테스야. 아르고스는 헤라를 따랐어. '아르고스의 주인'이란 말은 아르고스 지방의 주인이자 거인 아르고스의 주인이라는 중의적 표현이야.

그리스어로 쓰인 『신통기』에는 '아프로디테' 앞에 'helikoble-pharos'라는 단어가 있어. 학자들은 이 단어를 '속눈썹을 잘 깜박이

● 헤시오도스, 천병희 옮김, 『신들의 계보』, 도서출판 숲, 2009, 32쪽

는' 또는 '속눈썹이 말려 올라간'이란 두 가지 뜻으로 해석해. 아프로디테는 미의 여신이잖아. 당시에도 미인은 말려 올라간 긴 속눈썹을 자주 깜박이며 다녔나 봐. 워, 워, 눈 깜박이지 마.

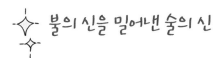 불의 신을 밀어낸 술의 신

B.C. 600년경 아테네의 정치가 페이시스트라토스가 아고라 광장에 세운 12신은 다음과 같았어.

제우스: 신들의 왕

헤라: 제우스의 아내, 가정을 지키는 신

포세이돈: 바다의 신

아테나: 지혜의 여신

아폴론: 태양의 신, 의술과 예술의 신

아르테미스: 달의 여신, 사냥의 신, 처녀의 수호신

아프로디테: 미의 여신

헤르메스: 소식을 전하는 신, 상업의 신

데메테르: 대지의 여신, 곡물의 여신

헤스티아: 불과 화덕의 여신

헤파이스토스: 대장장이의 신

아레스: 전쟁의 신

그런데 160년 뒤에 건설된 아테네의 파르테논 신전에는 이 12신 중 불의 신 헤스티아가 빠지고 술의 신 디오니소스의 신상이 세워져 있어. 왜일까?

1. 디오니소스를 섬기는 사람들이 헤스티아를 섬기는 사람들과 싸워 이겨서
2. 화덕에 불을 피우는 일보다 포도주를 만드는 일이 더 중요해져서
3. 파르테논 신전을 만든 사람이 디오니소스를 더 좋아해서

정답은 2번이야. 원시 시대부터 인간은 불을 피우고 보존하는 일을 굉장히 중요하게 여겼어. 우리 조상들도 아궁이의 불을 늘 유지했고, 그걸 꺼뜨리면 집안 어른에게 엄청 혼이 났지. 부싯돌이나 다른 방법으로 만든 불은 화덕이나 아궁이 속에서 내내 켜져 있어야 했어.

그런데 B.C. 5세기 전후로 그리스에서는 불을 유지하는 일이 그다지 중요하지 않게 된 거야. 농업 생산량이 늘고 인구가 증가하고 식민지 건설을 통해 노예도 많아졌지. 시민들은 불을 피우고 관리하는 일보다 모여서 토론하고 축제를 벌이고 즐기는 일에 더 관심이 있었어. 화덕 따위는 노예에게 맡겼지. 모여서 이야기하고 놀 때 중요한 게 뭐겠어? 바로 술이야. 품질 좋은 포도주를 내놓는 주인은 인

기 만점이었지. 이처럼 포도주를 생산하는 일이 중요해지면서 포도주의 신 디오니소스가 헤스티아를 밀어내고 올림포스 12신에 오르게 된 거야. 한번 해병은 영원한 해병이지만, 한번 12신은 영원한 12신이 아니었던 거지.

이게 마지막이에요.

불이 중요하냐? 술이 중요하지! 마셔, 마셔!

디오니소스

 ## 세상과 신들의 탄생

헤시오도스에 따르면, 우주에 처음 생긴 것은 카오스chaos였어. 카오스는 오비디우스가 '혼돈'이라고 말해서 지금도 그렇게 번역되고 있어. 그런데 헤시오도스는 '큰 공간' 정도의 뜻으로 쓴 것 같아. 카오스 다음에는 넓은 가슴을 지닌 가이아와 에로스가 생겼지.

그다음으로 신 중에서 가장 아름다운 에로스가 생겨났노라.
팔다리의 힘을 빼 버리는 에로스는
모든 신과 인간의 머릿속에서 이성과 의지를 마비시킨다.

사랑에 빠지면 "콩깍지가 씌었다."라고 말해. 콩의 껍질인 콩깍지는 반투명한 막으로 되어 있어. 그걸 가리고 앞을 보면 정확히 보이질 않아. 우리가 누굴 좋아하면 그 사람의 좋은 면만 보이는 거야. 천하의 악당을 사랑하게 된다 해도 그 악당이 천사처럼 보이지. 그래서 동양의 고전인 『대학』에도 이런 말이 있어.

좋아하면서도 그의 단점을 알고
미워하면서도 그의 장점을 아는 사람이
천하에 드물다.

그런데 사랑에 빠지면 왜 팔다리의 힘이 빠지는 걸까? 에로스에게 물어봐야겠어.

에로스: 나는 황금 화살을 갖고 있어. 여기엔 '집착'과 '중독'이라는 독이 묻어 있지. 사랑에 빠지면 그 사람만 생각하게 돼. 이건 집착이야. 생각하고 생각하고 또 생각하지. 사랑에 중독된 거야. 이쯤 되면 밥을 먹지 않아도 배부르고, 물을 마시지 않아도 목마르지 않아. 굶고 멍하니 있으니까 팔다리의 힘이 빠지는 거야.

아, 네⋯⋯. 그렇군요.

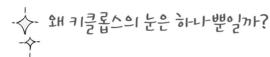

왜 키클롭스의 눈은 하나뿐일까?

대지의 여신 가이아는 하늘의 신 우라노스를 낳았어. 가이아는 다시 우라노스와 결합해서 강의 신 오케아노스와 레아 등 많은 신을 낳았지. 가이아와 우라노스 사이에서 태어난 열두 신을 티탄이라고 해. 그중 막내는 크로노스야. 가이아는 티탄 외에도 눈이 하나뿐인 키클롭스와 팔이 100개인 헤카톤케이레스도 낳았어.

키클롭스는 나중에 제우스의 형제들이 티탄과 싸울 때, 제우스에게는 번개를 만들어 주고, 하데스에게는 투명 투구를, 포세이돈에게는 삼지창을 만들어 줬어. 키클롭스들은 기술이 뛰어난 장인匠人이었어. 기술자의 시조인 그들의 눈은 특이하게도 하나뿐이었지.

플라톤(B.C.427년~B.C.347년)은 『소크라테스의 변명』에서 이런 이야기를 해. 하루는 카이레폰이 델포이에 가서 "소크라테스보다 더 현명한 사람이 있습니까?"라고 물었어. 델포이의 무녀는 "소크라테스보다 현명한 사람은 없다."라는 신탁을 내리지. 신탁이란 사람의 물음에 신이 다른 사람을 통해 답하는 것을 말해. 주로 신전의 사제나 무녀의 입을 통해 전해져. 소크라테스는 이 신탁에 의구심을 품었어. 분명 자신보다 더 현명한 사람이 있을 거라고 믿고 정치인, 시인, 장인을 찾아가 대화를 나누었지. 그러고는 다음과 같은 결론을 얻었어.

정치인: 아는 것을 안다고 하고, 모르는 것도 아는 척한다.

시인: 자신이 쓴 작품에 대해 다른 사람보다 모른다. 즉, 무슨 말을 하는지도 모르면서 지껄인다.

장인: 자기 분야를 잘 알기에 다른 분야도 잘 안다고 생각하지만 사실은 모르고 있다.

이처럼 기술자, 즉 장인은 외골수야. 자신이 맡은 일에 대해서는 잘 알지만 오직 그것 하나만 파고들지. 공자는 『논어』에서 "군자불기 君子不器"라는 말을 했어. "군자는 그릇이 되어서는 안 된다."라는 뜻인데, 여기서 '그릇'은 한 분야만 아는 전문가를 뜻해. 인격이 훌륭한 군자는 사회의 다양한 분야에 관심을 가져야 한다는 뜻이지.

그리스 신화의 훌륭한 점은 그 상징성이야. 기술자인 키클롭스는 외눈박이야. 눈이 하나라서 하나밖에 보지 못해. 힘과 기술은 뛰어날지 모르지만 다른 관점에서 바라보는 능력이 부족하지. '나는 기술자니까 기술만 알면 된다.', '나는 과학자니까 과학만 연구하면 된다.' 이런 생각은 잘못된 거야. 이런 생각이 사람을 해치는 무시무시한 원자 폭탄도 만든 거라고 할 수 있지.

반란과 복수라는 운명의 굴레에서

키클롭스는 외눈이었고, 헤카톤케이레스는 힘이 세고 거만했지.

나머지 자식들도 무시무시한 존재였어. 그래서 아버지 신 우라노스는 자식들을 싫어했어. 신화에서 처음 생긴 아버지는 처음 생긴 자식들을 미워했던 거지. 인간의 역사는 가족끼리 미워하면서 시작되었나 봐. 뭔가 슬프네.

우라노스는 미운 자식들을 깊은 땅속에 가두어 버렸어. 슬픔에 젖은 어머니 가이아는 철로 만든 낫을 만들어 주며 아버지에게 반항하라고 했어. 막내인 크로노스는 그 낫으로 아버지 우라노스의 생식기를 잘라 버렸어. 생식기 절단 역시 상징이야. 더 이상 2세를 낳지 못하게 한 거지.

이때 피가 흘러 거기에서 에리니에스, 기간테스, 요정들이 태어나. 에리니에스는 복수의 여신인데, 범죄는 복수를 부른다는 뜻이야. 기간테스는 가이아의 자식이란 뜻인데, 사람보다는 뛰어나지만 신보다는 못한 거인들로 나중에 올림포스 12신과 싸우다 패하지.

요정들은 영원히 살지는 못해도 오래 사는 존재인데 음악과 예술을 사랑하는 아름다운 소녀의 모습을 하고 있어. 요정은 소년이 어른이 될 때까지 보호하는 일도 해. 그리스 소년들은 성년식 때 자신을 길러 준 은혜에 보답하는 뜻으로 강의 요정에게 머리털을 잘라 바쳤어. 요정들은 또 여신의 시중을 들거나 신들과 사랑에 빠지기도 해. 칼립소처럼 신분이 높은 요정은 거의 여신급의 대우를 받았는데, 『오디세이아』의 오디세우스도 칼립소와 사랑에 빠졌을 때 그녀를 "여신이여."라고 불렀어. 여러분도 좋아하는 여자 아이돌을 '여신'이라고 부르지 않아?

우라노스는 달아나면서 자식들에게 "이 티탄 놈들! 너희도 똑같이 당할 거다."라고 말해. 티탄은 '깡패'라는 뜻이야. 우라노스와 가이아 사이에서 태어난 깡패 신족은 그 아버지의 예언대로 똑같은 보복을 당하지. 제우스와 그 형제들에게 말이야.

어머니 사회에서 아버지 사회로

크로노스는 누이 레아와 결혼해서 헤라, 하데스, 포세이돈 등을 낳았어. 크로노스는 자식들이 자기를 배신할까 봐 낳는 족족 집어삼켰어. "너는 결국 아들의 손에 패배를 맛보리라."라는 예언을 들었기 때문이야. 레아는 막내 제우스를 낳았을 때 몰래 크레타섬에 숨기고 크로노스에게는 강보에 돌을 싸서 내밀었어. 크로노스는 그걸 막내 아들인 줄 알고 삼켜 버렸지.

제우스는 빠르게 자라나 할머니 가이아와 함께 꾀를 써서 크로노스가 삼킨 형제들을 토해 내게 해. 또 어둠의 감옥 타르타로스에 갇혀 있는 삼촌뻘인 키클롭스와 헤카톤케이레스도 구해 내지. 그리고 삼촌들, 형제들과 힘을 합쳐 아버지 세대의 티탄 신족과 대결을 벌여서 승리해. 아버지 우라노스를 제거한 아들 크로노스는 이제 자신의 아들인 제우스에게 패해 우주를 다스리는 권력을 내놓게 되지.

이런 신화는 B.C. 14세기 터키 근방의 히타이트 제국에도 있었어. 태초에 아누 신이 있었는데 그의 아들 쿠마르비 신이 아누 신의 생식기를 자르고 왕이 되어 세상을 다스려. 그리고 쿠마르비 역시 자신의 아들에게 배신을 당해 권력을 빼앗기게 되지. 신들 사이에서 아들이 아버지를 몰아내는 신화 구조는 이후 세대가 이전 세대를 대신하는 인간의 역사를 나타내고 있어.

가이아는 나중에 기간테스와 힘을 합쳐 제우스를 제거하려 하지만, 제우스는 최후의 승리를 차지하고 올림포스를 지배하게 돼. 왜 가이아는 우라노스, 크로노스, 제우스로 이어지는 권력에 대항했을까? 왜 그리스 신화에서는 대지의 여신 가이아가 끝없이 신들의 왕에게 반란하는 모습이 그려질까?

1. 가이아의 성질이 원래 못돼서
2. 여신이 신들의 왕이 되지 못하는 점에 불만을 품어서
3. 모계 사회가 부계 사회로 변해 가는 것에 대한 상징으로

정답은 3번. 그리스 신화에는 아폴론이 거대한 뱀 피톤을 물리치는 이야기가 나와. 『창세기』에는 뱀이 인간을 유혹하여 벌을 받는 이야기가 실려 있지. 뱀은 대지에 배를 깔고 다니잖아. 뱀은 대지, 곧 어머니를 상징하는 동물이야. 이 뱀이 죽임을 당하거나 벌을 받는 이야기는 원시 시대에서 어머니를 중심으로 한 모계 사회에서 아버지를

중심으로 한 부계 사회로 권력이 이동하는 것을 뜻해. 『그리스 로마 신화와 서양 문화』라는 책에는 이렇게 써 있어.

"남신들의 패권 다툼에서 대지의 여신 가이아가 끈질기게 끼어들어 반란을 부추기기도 하고 모반자를 다시 응징하기도 하는 모습을 보이는 것은 힘의 중심이 모권에서 부권으로 넘어가는 과정에서 모권의 견제와 반발이 만만치 않았음을 시사한다. 또한 가이아의 최후 반격을 물리치고 정립된 제우스 체제는 모권에 대한 부권의 승리를 말해 주고 있다."

판도라의 상자에 남은 것

티탄 신족 중 하나인 이아페토스는 강의 신 오케아노스의 딸과 결혼해서 아틀라스, 프로메테우스, 에피메테우스를 낳았어. 힘이 센 아틀라스는 머리와 어깨로 하늘을 떠받치는 운명을 타고났지. 히타이트 신화에 나오는 거인 우펠루리도 지구와 하늘을 떠받치고 있어.

프로메테우스는 인간에게 불을 훔쳐다 줬어. 제우스는 그걸 보고 화가 나서 재앙을 내리지. 프로메테우스의 동생 에피메테우스에게 최초의 여성 판도라를 선물한 거야. 아테네는 판도라에게 화관과 은

● 윤일권·김원익, 『그리스 로마 신화와 서양 문화』, 알렙, 2015, 48쪽

빛 드레스를 선물했어. 판도라는 아름다운 여성이어서 에피메테우스는 한눈에 반하고 말았어. 그런데 헤시오도스는 이 판도라가 바로 인간의 재앙이라고 말해. 왜일까?

마치 꿀벌들이 힘들여 일을 해서 꿀을 쌓아 올리면
수벌들이 아무 수고 없이 그걸 제 뱃속에 집어넣듯,
남자들은 여자들을 먹여 살린다.
여자는 남자가 부자일 때는 기꺼이 함께 살지만
가난할 때는 그렇게 하지 않는다.
제우스는 인간에게 재앙을 내리기 위해
여자를 만들어 남자의 불행이 되게 한 것이다.

헤시오도스는 여성혐오주의자일까? 왜 이렇게 부정적으로 묘사했을까? 헤시오도스는 또 이렇게 덧붙여.

남자는 좋은 여자를 만나도 평생 행복과 불행 사이를 오가게 된다.
만약 나쁜 여자를 만나면? 평생 불행과 불행 사이를 오가게 된다.

너무 흥분하지 말자. 지금으로부터 2,800여 년 전에 쓰인 내용이니까 말이야. 제우스는 판도라에게 상자를 선물로 주었어. 이 상자 안에는 온갖 나쁜 것들이 다 들어 있어서 판도라가 상자를 열자 희망만 남게 되지. 판도라의 상자 이야기는 『신통기』에는 나오지 않지만 나중에 그리스 사람들이 덧붙여 신화를 만들었어. 그리스 사람들은 "여성은 불행을 주는 존재가 아니라 인류에게 희망을 주는 존재다."라는 이야기를 하고 싶었나 봐.

제우스가 최고의 바람둥이가 된 이유

헤시오도스는 『신통기』에서 제우스가 결혼했거나 사랑했던 여신과 여인을 나열해. 제우스의 편력 목록을 한번 볼까?

1. 지혜의 여신 메티스를 첫 번째 아내로 삼았다. 메티스는 아테나를 낳았다.
2. 법의 여신 테미스를 두 번째 아내로 삼았다. 테미스는 질서의 여신 에우노미아, 정의의 여신 디케, 평화의 여신 에이레네, 운명의 여신 셋을 낳았다. 운명의 여신 중 클로토는 운명을 만들고, 라케시스는 운명을 지속시키고, 아트로포스는 운명을 그치게 한다.
3. 강의 신 오케아노스의 딸 에우리노메와 결혼하여 우아의 여신들을 낳았다.
4. 대지와 곡물의 여신 데메테르와 결혼하여 페르세포네를 낳았다. 페르세포네는 삼촌인 하데스와 결혼했다.

5. 기억의 여신 므네모시네와 결혼하여 예술과 음악과 문학을 관
   장하는 아홉 명의 무사 여신들을 낳았다.

6. 티탄 신족인 레토와 결혼하여 아폴론과 아르테미스를 낳았다.

7. 마지막으로 헤라와 결혼했다.

그다음 헤시오도스는 『신통기』에서 제우스가 인간 여인과 결혼하
여 수많은 자식을 낳았다고 기록하고 있어. 제우스는 역사상 최초의
바람둥이였던 거야. 왜 제우스는 이렇게 많은 여신, 여인과 결합해
자손을 퍼뜨렸을까?

제우스가 바람둥이가 된 이유는 인간이 그를 조상신으로 만들었

기 때문이야. 그리스의 많은 지방에서 신 중의 신 제우스를 받들었는데, 그들은 "우리 선조 중 누구누구와 제우스 사이에서 태어난 후손이 바로 우리다."라는 신화를 퍼뜨린 거지. 그래야 자랑스러우니까. 예를 들어 스파르타의 건국자는 라케다이몬이야. 라케다이몬은 제우스와 타이게테 사이에서 태어났대. 그러니까 스파르타에 살던 사람들이 이 신화를 만든 거지.

 ## 아테나가 제우스의 머릿속에서 태어난 이유

메티스가 아테나를 임신했을 때, 제우스는 아테나를 머릿속에 몰래 감추었어. 아테나가 태어날 때, 제우스는 머리가 깨질 것 같아서 자기 아들 헤파이스토스에게 "내 머리를 도끼로 내리쳐라!" 하고 명령했지. 이 신화가 뜻하는 건 뭘까?

1. 술 마시고 숙취에 시달릴 때는 머리를 쳐라.
2. 남을 속이면 머리가 아프다.
3. 지혜는 고통을 겪으며 생겨난다.

정답은 3번. 헤파이스토스가 제우스의 머리를 치자, 아테나가 투구를 쓰고 갑옷을 입은 채 태어났어. 아테나는 전쟁의 여신이자 지혜

의 여신이야. 지혜는 머리가 빠개질 것처럼 아프고 전쟁 같은 과정을
거쳐야 얻을 수 있는 것이지.

 ## 영웅의 어머니는 여신이다

헤시오도스는 『신통기』의 마지막 부분을 인간과 결합한 여신들의
이야기로 마무리해.

1. 곡물의 여신 데메테르는 반신반인 이아시온과 결합해 플루토스
   를 낳았다. 플루토스는 부자가 되게 해 달라고 애원하는 사람은
   누구나 부자를 만들어 주는 부의 신이다. 착한 사람이든 악한 사
   람이든 상관하지 않는다. 그는 장님이기 때문이다. (아하, 우리
   도 애원해 보자. "플루토스 신이시여! 저를 부자가 되게 해 주세
   요!")

2. 새벽의 여신 에오스는 미남 티토노스와 동침해 에티오피아의 왕
   이 되는 멤논과 그의 동생 에마티온을 낳았다. 에오스는 티토노
   스를 납치해 오면서 영원히 사랑하고픈 마음에 제우스에게 "티
   토노스가 불사의 몸이 되게 해 주세요."라고 요청한다. 제우스
   는 에오스의 소원을 들어 주었다. 하지만 티토노스는 늙어도 죽
   지 않아 점점 추해지고 냄새가 났다. 에오스가 늙지도 죽지도 않

게 해 달라고 빌지 않고 단지 죽지 않게 해 달라고 했기 때문이다. 결국 티토노스는 에오스에게 버림받고 만다. (그러니까 소원을 빌 때는 잘 빌자.)

3. 바다의 요정 테티스는 그리스 북부 프티아의 왕 펠레우스와 결혼해서 전쟁 영웅이 될 아킬레우스를 낳았다. 아킬레우스는 트로이 전쟁에 나가 큰 공을 세우는데 이때의 이야기는 『일리아스』에 실려 있다.

4. 미의 여신 아프로디테는 트로이의 영웅 안키세스와 사랑에 빠져 아이네이아스를 낳았다. 아이네이아스는 트로이 전쟁에서 진 뒤, 트로이 유민들을 이끌고 이탈리아반도로 가서 로마를 건설한다.

5. 요정 키르케는 그리스의 영웅 오디세우스와 동침하여 텔레고노스를 낳았다. 텔레고노스는 에게해 북쪽에 살던 에트루리아인을 다스리게 된다.

『신통기』는 신들의 탄생으로 시작해서 영웅의 탄생으로 끝을 맺고 있어. 아킬레우스와 아이네이아스는 신화 속에 나오는 영웅이지만 인간이지. 결국 『신통기』는 한 나라를 세우고 지켰던 고대인들이 선조에 대한 기억으로 탄생시킨 이야기라고 할 수 있어. 이런 식의 신화는 그리스뿐 아니라 지구의 다른 지역에 살았던 민족에게 공통으로 나타나. 인류는 자신들의 선조가 신에게서 탄생한 영웅이라 믿고 싶었던 거야. 한민족도 마찬가지지. 우리는 단군의 자손이잖아.

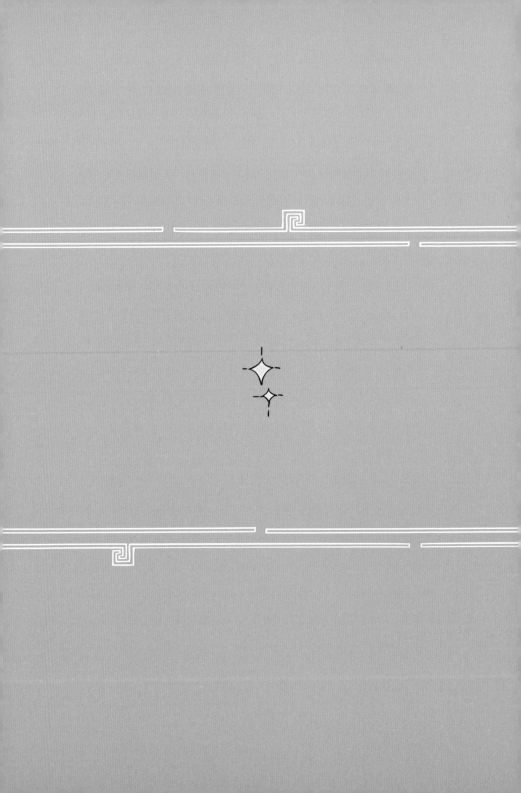

『변신 이야기』

천재 작가가 탄생시킨
'그리스 로마 신화'의 오리지널 버전

 어디서 많이 듣던 이야기인데?

　고대 로마 시대에 오비디우스(B.C. 43년~A.D. 17년)가 쓴 『변신 이야기』를 보면 베를 짜는 한 처녀가 자기 언니와 동생들에게 이런 이야기를 들려줘.

　바빌론에서 가장 잘생긴 청년은 피라모스였고 가장 아름다운 처녀는 티스베였어요. 서로 이웃해 살던 두 사람은 사랑에 빠졌어요. 하지만 양쪽 아버지들은 이들의 사랑을 반대했어요. 두 가문이 원수지간이었거든요. 가족의 반대가 심할수록 사랑의 불길은 더 세차게 타올랐어요. 두 집 사이의 담장에는 틈이 있었는데 그 사이를 목소리의 통로로 삼아 나직한 사랑의 밀어를 속삭였지요.

　두 사람은 어느 날 밤 감시자들을 속이고 왕의 무덤가에서 만나기로 약속했어요. 그곳은 샘물이 흐르고 키 큰 뽕나무 한 그루가 서 있는 곳이었지요. 해가 물속에 잠기고 밤이 시작될 무렵, 티스베는 눈에 띄지 않게 어둠을 지나 나무 아래에 앉았어요. 그 순간, 사자 한 마리가 방금 소를 잡아먹고 주둥이에 피를 묻힌 채 나무 아래로 다가왔어요. 티스베는 놀라서 동굴 안으로 도망쳤는데 그 와중에 목도리를 떨어뜨리고 말았어요. 사자는 소녀의 몸에서 떨어진 목도리를 보고 피투성이 입으로 갈기갈기 찢어 놓았어요. 잠시 뒤 피라모스가 나무 아래로 와 피 묻은 목도리를 발견하고 외쳤어요.

"하룻밤에 두 연인이 죽는구나! 모든 것이 내 잘못이야. 가련한 여인이여, 내가 그대를 죽였소."

그리고 그는 차고 있던 칼을 빼어 자신의 옆구리를 찔렀어요. 피라모스는 티스베가 사자에게 물려 죽은 줄 알고 스스로 목숨을 끊은 거지요. 잠시 뒤 티스베가 동굴에서 나와 피라모스가 있는 곳으로 다가왔어요. 연인이 피투성이가 된 채 죽어 있는 것을 본 티스베는 비명을 지르며 머리를 쥐어뜯다가 이렇게 울부짖지요.

"불행한 이여, 우리 사랑이 그대를 죽였군요. 내게도 사랑이 있으니 그대를 따라 죽겠어요. 죽음만이 그대의 육신을 내게서 떼어 놓을 수 있겠지만 죽음도 우리 사랑을 갈라놓을 수는 없어요."

티스베는 절절한 외침을 남기고 피라모스의 칼로 스스로 목숨을 끊어요. 피라모스와 티스베가 죽은 곳은 뽕나무 아래인데 그들의 피 때문에 뽕나무 열매 오디는 검붉은 색이 되었어요. 소녀의 기도가 하늘을 감동시켰는지, 두 사람의 부모는 두 연인의 시신을 한곳에 묻어 주었답니다.

어디서 많이 듣던 이야기지? 셰익스피어의 『로미오와 줄리엣』과 똑같잖아. 셰익스피어는 『변신 이야기』의 애독자였어. 또, 현대 음악

작곡가 레너드 번스타인은 『로미오와 줄리엣』을 바탕으로 〈웨스트 사이드 스토리(1957년)〉라는 뮤지컬을 작곡했어.

 ## 셰익스피어가 가장 존경했던 작가

모든 문화에는 원조가 있어. 갈빗집만 원조가 있는 게 아니야. 영어로 된 문화를 이해하려면 셰익스피어를 꼭 알아야 해.

"사느냐 죽느냐, 그것이 문제로다.To be or not to be that is the question."(『햄릿』 중에서)

"브루투스, 너마저도?Et tu, Brute?"(『줄리어스 시저』 중에서. 라틴어로 쓰여 있음. 영어로는 "Even you, Brutus?")

"세계는 하나의 무대. 인간은 남자든 여자든 그저 배우일 뿐.All the world's a stage. And all the men and women merely players."(『뜻대로 하세요』 중에서)

이런 대사를 좀 읊조려 줘야 서양에서는 대접을 받는다고. 그런데 그런 셰익스피어가 가장 존경했던 작가가 오비디우스이고, 틈나는 대로 봤던 작품이 『변신 이야기』야.

B.C. 5세기경, 그리스는 지중해 최대의 강국이었어. 현재의 그리스, 이탈리아, 프랑스 남부, 터키와 시리아, 아프리카 북부 및 흑해 연

안에 엄청난 면적의 식민지를 갖고 있었지. 아시아의 강자 페르시아가 100만 대군으로 침공했을 때도 패배를 안겨 줬어. 게다가 그리스는 군사 강국이면서 문화 대국이었어. 그리스가 쇠퇴하고 로마가 흥하기 시작할 때, 로마군이 그리스 식민지에 가서 보니 그리스의 문화가 대단했던 거야. 그래서 이들은 그리스 신들도 그대로 받아들여서 자기들의 신으로 섬겨. 단지 이름만 바꾸지. 사실 그리스 로마 신화가 아니라 원래 그리스 신화였던 것을 로마인들이 저작권료도 내지 않고 갖다 쓴 거야.

서양 문화의 중요한 흐름은 역사를 따라 다음과 같이 진행돼.

그리스 → 로마 제국 → 프랑크 왕국 → 프랑스/신성 로마 제국/에스파냐 → 대영 제국 → 미국

이 나라들은 하나같이 그리스 신화를 문화의 바탕으로 삼고 있어. 신화에 나온 '판도라의 상자', '미다스의 손', '큐피드의 화살' 같은 말은 일상적으로 쓰는 숙어가 되었지. 그리스 신화에 나오는 이야기는 서양인뿐 아니라 전 세계인의 현재 삶과 문화 속에 살아 있어.

그런데 우리가 흔히 알고 있는 그리스 신화의 작가는 토머스 불핀치(1796년~1867년)야. 미국인인 그는 그리스 신화를 영어로 번역해 놓았는데, 우리나라에서 처음 그리스 신화를 소개할 때 불핀치의 영역본을 한글로 번역했지. 그럼 불핀치는 어떤 책을 번역한 것일까?

바로 오비디우스의 『변신 이야기』야.

오비디우스는 로마 사람이라 라틴어로 글을 썼어. 그리스인인 헤시오도스, 호메로스, 소포클레스 등이 쓴 이야기를 모아서 『변신 이야기』를 썼지. 또 한 사람의 중요한 인물이 있는데, 아테네 출신으로 이집트 알렉산드리아에서 활동한 학자 아폴로도로스야. 그는 『도서관Bibliotheke』이란 제목으로 그리스 신화에 대한 자질구레한 내용을 모아 책으로 썼지. 이 책은 그다지 재미가 없었어. 그래서 곧 사람들의 기억에서 사라졌지.

오비디우스는 헤시오도스의 『신통기』, 호메로스의 『일리아스』와 『오디세이아』, 소포클레스와 그리스 비극 작가들의 작품, 아폴로도로스의 『도서관』 중에서 250편의 이야기를 골라 『변신 이야기』라는 책으로 엮었어. 자, 그럼 우리가 그동안 읽었던 '그리스 로마 신화'가 어떻게 번역되고 전달되었을까?

그리스어로 쓰인 작가들의 작품 → 라틴어로 쓰인 오비디우스의 『변신 이야기』 → 영어로 쓰인 토머스 불핀치의 『그리스 로마 신화』 → 한글로 쓰인 한국 번역가들의 『그리스 로마 신화』

이렇게 복잡한 과정을 거쳐서 우리가 그리스 로마 신화를 읽게 된 거야. 그럼 지금부터 재미도 있고 원전에 가장 가까운 오비디우스의 『변신 이야기』를 살펴보자.

그리스어   라틴어   영어   한글

 ## 왜 변신 스토리가 신화의 주요 이야기가 된 걸까?

오비디우스는 로마를 대표하는 시인이자 작가야. 로마 사람들에게 인기가 많았어. 그런데 A.D. 8년, 흑해 서안으로 유배를 떠나게 돼. 그 이유는 정확히 알려져 있지 않아. 다만 오비디우스는 자신이 뭔가 비밀을 알고 있고, 그 비밀 때문에 유배를 떠났다고 말했어. 이 때문에 몇 가지 가설이 난무했어. 그중 하나는 오비디우스가 황제의 딸인 율리아나 혹은 황후인 리비아가 바람피우는 것을 봤거나 혹은 둘 중 한 사람과 사귀었을지도 모른다는 거지. 이때 로마에서는 오비디우스의 『연애의 기술』이란 책이 베스트셀러였어. 그는 이 책에서 "애인은 많을수록 좋다.", "여자와 사귈 때는 밀당을 해라.", "남편이 있는 여자도 사귀면 그만이다." 등등의 말을 했거든. 아우구스투스 황제가 이 책이 '품위 없다.'라고 생각해 화를 냈기 때문에 오비디우스가 유배를 당했다고 보기도 해.

오비디우스는 당시 변방인 흑해 연안에서 외롭고 쓸쓸하게 지냈지만 다행히 『변신 이야기』를 써서 지금까지 위대한 작가로 남게 되었어. 만약 오비디우스가 황제의 사위가 됐다면 글을 쓰지 않았을지도 몰라.

『변신 이야기』는 천지 창조부터 시작해서 오비디우스가 살던 당시의 이야기로 끝을 맺어. 워낙 다양한 신과 인간들이 등장하기에 다 소개할 수는 없지만, 제목처럼 이 책에 나오는 인물은 대개 뭔가로 변신을 해. 제우스가 사랑한 이오는 암소로, 아폴론의 사랑을 거부한 다프네는 월계수 나무로, 자기 자신과 사랑에 빠진 나르키소스는 수선화로 변신하지. 왜 이런 변신 스토리가 그리스 신화의 주된 테마가 되었을까? 이런 상상을 해 보자.

고대 사회의 사람들은 자연을 상대로 저항하기도 하고 두려워하기도 하면서 살았어. 그리스를 비롯해 옛날 사람들이 가장 두려워한 것은 천둥 번개였어. 비가 오다 갑자기 "쫘르릉!" 하는 소리가 나고 번개가 번쩍하면 지금도 깜짝 놀라잖아. 21세기인 지금, 우리는 번개가 구름 속의 양극과 음극의 전기 전하가 분리되면서 구름의 밑에 음전하가, 땅 쪽에 양전하가 모이고 이 둘 사이의 차이가 커져 번개가 발생한다는 사실을 알고 있어. 또 번개가 공기 중에 흐르는 순간 주변의 공기가 섭씨 1만 도 이상으로 가열돼 폭발음이 나게 되는데 이게 천둥이라는 사실도 알고 있어. 모두 과학이 증명한 사실이지. 그래서 놀라긴 해도 두려워하진 않아.

하지만 고대 사람들은 번개와 천둥이 왜 생기는지 몰랐어. 하늘이 노했을 때 보내는 신호라고 여겼지. 번개를 맞은 나무가 쩍 하고 갈라지는 것을 보면서 그 위력도 대단하다고 생각했을 거야. 번개나 천둥은 하늘의 최고신이 가져야 한다고 믿었고, 그래서 누군가가 "제우스는 번개로 된 창을 가지고 있다."라는 이야기를 만들어 낸 거지.

또 누가 산에 가서 "야호!" 하고 소리를 질렀는데 그 소리가 울려서 "야호!" 하는 대답이 들렸다고 치자. 우리는 소리도 파동을 그리며 한 방향으로 진행하고, 그 진행선의 맞은편에 바위 같은 반사면이 있으면 음파가 되돌아와 같은 소리가 들린다는 사실을 과학적으로 알고 있어. 하지만 옛날엔 이런 사실을 몰랐기 때문에 산이나 숲속에 사는 요정이 우리가 한 말을 되풀이한다고 믿었어. 그래서 에코 이야기를 만들었지. 이런 내용이야.

에코는 원래 말을 정상적으로 할 줄 아는 요정이었는데, 유피테르(제우스)가 다른 요정들과 바람을 피울 때 남편을 찾아 헤매던 유노(헤라)를 가로막고 수다를 떨었다. 그사이 유피테르는 도망갈 수 있었다. 이 사실을 알게 된 유노는 에코에게 벌을 내려 다른 사람이 한 말의 끝 대목만 되풀이해서 말하게 하고 아예 언어 능력을 없애 버렸다.

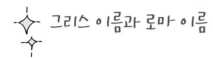

그리스 이름과 로마 이름

에코 이야기에서 신의 이름이 두 개로 나온 걸 눈치챘을 거야. 『변신 이야기』는 라틴어로 쓰였기 때문에 신들의 이름이 로마식이야. 여기서 그리스 12신의 로마식 이름을 알아보자. 앞의 것은 그리스 이름, 뒤의 것은 로마 이름이야. 신에 대한 설명은 『신통기』에서도 했지만 다시 한번 복습!

제우스/유피테르: 신 중의 신, 천상의 지배자

헤라/유노: 제우스의 아내, 가정의 신

포세이돈/넵투누스: 제우스의 형제, 바다의 신

하데스/플루톤: 제우스의 형제, 저승의 신

아폴론/아폴로: 태양신, 예술의 신, 의술의 신

데메테르/케레스: 대지의 여신, 곡물의 여신

아테나/미네르바: 지혜의 여신, 전쟁의 여신

아르테미스/디아나: 달의 여신, 사냥의 신, 처녀 수호신

아프로디테/베누스: 미의 여신

아레스/마르스: 전쟁의 신

헤르메스/메르쿠리우스: 신들의 전령, 상업의 신, 도둑의 신

헤파이스토스/불카누스: 불과 대장장이의 신

이 12신의 이름은 서양 문학 속에 너무나도 자주 등장하니까 외워 두는 게 좋아. 세상 모든 공부의 시작은 암기라고! (2장에서는 신을 로마식 이름으로 표기할 거야. 가령 '제우스' 대신 '유피테르'로 쓴다는 거지.)

 ## 금, 은, 동, 철! 인간이 거쳐 온 네 가지 시대

오비디우스에 따르면 우주는 최초에 어지러운 카오스 상태였어. 헤시오도스도 카오스란 말을 '큰 공간'이란 뜻으로 썼다고 했지? 이 혼돈에 질서를 주고 동식물을 만든 것은 '신 또는 자연'이었어. 그리고 인간이 생겨났지.

지상은 짐승과 새들의 세상이었다. 성스러운 피조물, 나머지 동식물을 지배할 수 있는 그런 존재는 아직 없었다. 그리하여 인간이 생겨났다. 아마도 위대한 창조자가 신성한 씨앗으로 더 나은 우주를 만들려는 계획하에 인간을 만들었을 것이다.

인간은 서로 다른 네 가지 시대를 거쳐 왔어. 표를 한번 볼까?

구분	시대 상황	인간의 삶
황금시대	법을 어기는 자가 없음. 칼도 군대도 없이 평화로움.	항상 봄날처럼 따뜻함. 일하지 않아도 곡식이 가득함.
은의 시대	유피테르의 지배가 시작됨.	사계절이 생겨남. 집을 만들고 노동을 시작함.
청동 시대	무기를 들고 있으나 범죄는 저지르지 않음.	사람들의 마음이 거칠어짐.
철의 시대	온갖 불법이 난무함.	공유하던 땅에 주인이 생김.

오비디우스는 '철의 시대'에 대해서 이렇게 이야기해.

사람들은 약탈하느라 정신이 없었다. 집에 찾아온 손님은 주인을 믿지 못했고, 아버지는 딸과 사위 앞에서 안심하지 못했다. 형제간에 우애는 찾기 어려웠고 부부는 서로 죽기를 바랐다. 사악한 계모는 치명적인 독약을 조제했으며 아들은 아버지가 언제 죽을지 미리 점쳐 보았다.

2천 년 전 오비디우스는 마치 범죄와 불법이 판치는 21세기 자본주의 사회의 한 단면을 보듯 이야기하고 있어. 이래서 고전은 현재를 비추는 거울이라고 하나 봐.

● 오비디우스, 데이비드 레이번 옮김, 『메타모르포세스Metamorphoses』, Penguin books, 2004, 12쪽

여기저기서 발견되는 대홍수의 기록

철의 시대에 이르러 지상의 인간들은 점점 타락해 갔어. 그중 가장 심하게 타락한 인간은 리카온이야. 그는 신을 섬긴다면서 사람을 제물로 바치는 인신 공양을 했어. 심지어 손님으로 가장한 유피테르에게 사람 고기를 대접하고 죽이려 했지. 유피테르는 리카온을 늑대로 변하게 했어. 그리고 리카온뿐 아니라 지상의 인간들이 지은 죄가 용서할 수 없는 지경까지 이르렀다고 판단하고 '인간 멸망'을 계획하지. 유피테르는 어떤 방법을 썼을까?

1. 번개를 내려 지상을 모두 불태웠다.
2. 대홍수가 나게 해 물에 잠기게 했다.
3. 자기들끼리 서로 해치게 했다.

정답은 2번. 유피테르는 불로 세상을 멸하려다 하늘까지 불이 옮겨 붙을까 봐 홍수를 내리기로 해. 인류 역사의 초창기에 홍수는 대단히 큰 재앙이었어. 오늘날에도 쓰나미가 엄청난 피해를 주는 천재지변이듯이 말이야. 고대 인류는 모두 이 홍수에 대해 두려운 마음으로 기록을 해 놓았어.

수메르의 영웅 길가메시

1872년 가을, 런던 대영박물관 소속 연구원 조지 스미스는 페르시아 유적지에서 영국인이 약탈해 온 점토판을 해독하다 충격적인 내용을 알게 돼. 성경에 나오는 노아의 대홍수와 거의 같은 이야기가 실려 있었던 거야. 점토판은 B.C. 2500년에서 B.C. 2300년 사이에 만들어진 것이었어. 『창세기』보다 최소한 수백 년 앞선 『길가메시 서사시』였지. 『길가메시 서사시』는 수메르어로 쓰인 고대 바빌로니아의 서사시야.

수메르의 영웅 길가메시는 대홍수에서 살아남은 우트나피쉬팀에게 이런 말을 들었어.

> "길가메시, 신들의 비밀을 네게 말해 주리라. 위대한 신들이 사람에게 홍수로 벌을 주기로 마음을 굳혔는데, 그들의 아버지 아누가 비밀을 지킬 것을 맹세했지. (……) (신이 내게 말씀하시길) 집을 부수고 배를 만들어라! 재산을 포기하고 생명을 찾아라! 살아 있는 모든 생명은 배에 태우고, 네가 만들어야 할 배는 치수를 각각 똑같이 해야 한다. 즉, 길이는 너비와 같게 하고 지붕을 해 덮어라."*

이후에 나오는 이야기는 성경과 비슷해. 우트나피쉬팀이 방주를

● 김산해, 『최초의 신화 길가메시 서사시』, 휴머니스트, 2005, 293~295쪽

만들어 온갖 새와 짐승을 싣고 나자 엄청난 폭풍이 몰아치고 비가
내려 세상이 물에 잠기기 시작했어. 6일 낮 7일 밤 동안 홍수가 일어
나고 나서 멈췄지. 우트나피쉬팀은 새들을 날려 보내는데 비둘기와
제비는 돌아왔지만 까마귀는 돌아오지 않았어. 땅을 발견한 그는 동
물들을 풀어 주고 새 세상을 시작한다는 이야기야.

중국 전설의 왕 요임금

B.C. 5세기경에 중국에서 편찬된 『서경』이란 책에 이런 기록이 있
어. 이 기록에 나오는 요임금은 B.C. 2300년 전후에 살았다고 여겨
지는 전설상의 왕이야.

요임금이 말했다.

"아아, 사악(신하들)이여. 넘실대는 홍수는 넓은 땅을 뒤덮으면서 질펀한 물로 산을 잠기게 하고, 거칠 것 없는 기세로 마치 하늘을 찌를 듯하오. 아래로 백성들이 탄식하고 있으니, 그 누가 능히 이 홍수를 다스릴 수 있겠소?"*

신하들이 곤鯀이란 사람을 추천했어. 곤은 9년 동안 홍수를 막으려고 애썼지만 헛수고였어. 결국 곤은 처형당했지. 홍수를 못 막아서 처형한다고? 당연해. 홍수로 희생된 백성이 너무 많아서 그 자리를 맡은 관리는 살려 둘 수가 없었어. 중국에서도 홍수는 이렇게 무서운 자연 현상이었지.

또 중국 서남 지방의 소수 민족 사이에서 전해지는 설화도 있어. 복희가, 복희매의 아버지가 큰 홍수에 대비해 쇠로 배를 만들어 난리를 피하는 이야기야. 땅 위에 홍수가 나서 모두가 죽고 오직 복희가, 복희매 남매만 살아남지. 이들은 할 수 없이 부부가 되어 인류를 다시 태어나게 해.

성경 속 노아의 방주

모세가 히브리어로 쓴 『창세기』에는 이런 기록이 있어.

● 신동준 역주, 『서경』, 인간사랑, 2016, 28쪽

하나님이 노아에게 이르시되 "모든 혈육 있는 자의 포악함이 땅에 가득하므로 그 끝 날이 내 앞에 이르렀으니 내가 그들을 땅과 함께 멸하리라. (……) 너는 방주를 만들되 그 안에 칸들을 막고 역청을 그 안팎에 칠하라. (……) 내가 홍수를 땅에 일으켜 무릇 생명의 기운이 있는 모든 육체를 천하에서 멸절하리니 땅에 있는 것들이 다 죽으리라."

성경에 따르면, 노아는 가족과 모든 동식물을 방주에 실었고 홍수는 40일 동안 지속됐어. 그 이후 노아는 까마귀와 비둘기를 내보냈는데, 비둘기가 감람나무 잎사귀를 물고 와서 땅이 다시 나타났다는 것을 알았지.

왜 이렇게 비슷한 신화가 만들어졌을까? 앞서 이야기했듯, 고대 신화는 인간이 자연에 대해 순응과 극복을 반복하면서 만들어졌어. 홍수와 가뭄 같은 천재지변은 매우 두려운 것이었고, 인류는 그 자연 현상을 이해하는 방법의 하나로 '신화', 즉 이야기를 만들어 냈지. 대홍수 이야기를 후손들에게 들려주면서 인류는 스스로를 위로했던 거야. 어느 해에 홍수가 났어. 아이들이 무서워서 벌벌 떠는 거야. 그때 할머니가 말씀하시겠지.

"얘들아, 올해 다시 홍수가 났구나. 우리 마을에서도 사람도 짐승도 희생되고 논밭도 물에 잠겼다. 다행히 우리 가족은 다 살았으니 고마운 일이지. 그런데 너희, 그거 아니? 아주 오래전에 온 인류가 멸망할 정도로 큰 홍수가 났어. 그 당시에 살던 사람들이 죄를 많이

지었기 때문이야. 그래서 신은 인류를 몰살시키고 착한 사람만 살아 남게 했어. 우리는 착한 사람의 후손이니까 신께서 더는 그때 같은 홍수를 내리지는 않을 거야. 그러니 안심해. 이 정도 홍수는 아무것 도 아니란다.”

『길가메시 서사시』나 『변신 이야기』의 스토리 역시 인간의 지혜가 빚어낸 자연 극복의 산물이야. 상징과 비유의 세계지. 인간은 다른 동물에겐 없는 ‘스토리를 만들어 내는 능력’이 있었기 때문에 문명을 만들고 발전해 올 수 있었던 거야.

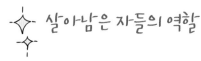

살아남은 자들의 역할

대홍수 설화에서는 신의 사랑을 받는 의인이 살아남게 돼. 『길가 메시 서사시』에서는 우트나피쉬팀이, 성경에서는 노아가 그랬어. 『변신 이야기』에도 의인이 나와. 바로 데우칼리온이야. 데우칼리온 은 인간에게 불을 가져다준 프로메테우스의 아들인데 지구상에서 가장 선한 사람이었어. 그의 아내 피라 역시 남편을 닮아 선하고 신 을 경외했지. 대홍수 이후에 이 두 사람만 살아남았어. 이들이 조각 배를 타고 그리스 포키스 지방에 있는 파르나소스산 기슭에 도착하 자 홍수는 그치고 서서히 땅이 드러나기 시작했어.

데우칼리온과 피라는 예언의 여신 테미스에게 기도를 하지.

"여신이여! 어떻게 하면 우리가 사람을 다시 살게 할 수 있는지 알려 주소서."

여신은 이렇게 대답했어.

"신전에서 나가 머리를 가리고 옷의 띠를 풀고 위대한 어머니의 뼈들을 등 뒤로 던져라."

신탁은 '사람의 물음에 신이 답하는 것'이라고 했지? 그런데 신탁은 때로 이렇게 알 수 없는 말로 표현되곤 해. 어머니의 뼈를 등 뒤로 던지라니? 알쏭달쏭한 수수께끼지. 이 수수께끼를 푸는 것부터 인간의 몫이야.

두 사람은 머리를 맞대고 이 수수께끼를 풀었어. 처음에 피라는 "어머니의 뼈를 던지라니? 그런 불경스런 짓은 못하겠어요."라고 말하지만, 데우칼리온이 이렇게 달랬어.

"신탁이 신성하지 않아 죄짓게 만든다고 믿는다면 내 지혜가 잘못된 것이고 날 속이는 것이오. '위대한 어머니'란 땅이고 뼈란 돌을 뜻하는 것 같소. 신탁은 돌들을 우리 등 뒤로 던지라고 말하는 것이오."

두 사람이 들에 나가 머리를 가리고 옷의 띠를 풀고 돌을 주워 뒤로 던지자 놀라운 일이 일어났어. 돌이 점점 변신하더니 사람이 된 거야. 이렇게 해서 선한 자들의 후손이 다시 지상에서 번성하게 됐지. 다른 동물들은 땅에서 저절로 솟아올랐어.

● 오비디우스, 데이비드 레이번 옮김, 『메타모르포세스Metamorphoses』, Penguin books, 2004, 24쪽

그럼 머리를 가리고 허리띠를 풀라는 건 무슨 의미일까? 머리를 가리는 것은 인류가 그동안 지은 잘못에 대해 신에게 용서를 비는 행위이고, 허리띠를 푸는 것은 새롭게 자유로워진 인간 존재를 의미해.

뱀은 어쩌다 악한 동물이 된 걸까?

대홍수가 끝나고 새로운 인간, 새로운 동식물이 탄생했지만 새로운 괴물도 생겨나. (그럼 뭐 하러 대홍수가 난 거야?) 새로운 괴물은 바로 거대한 뱀 피톤이야. 이 뱀은 넓은 산기슭에 자리 잡고 지나가는 사람들을 위협했어. 인간에겐 두려움의 대상이었지. 다행히 궁술의 신 아폴로가 수천 개의 화살을 쏘아서 피톤을 죽였어. 그리스 델피 사람들은 아폴로가 피톤을 죽인 것을 기념해서 4년마다 한 번씩 '피톤 경기'를 열었지.

여기서 의문. 신화에서 뱀은 주로 악한 동물로 등장해. 왜 그럴까? 다음을 보자.

1. 『변신 이야기』의 피톤은 아폴로에게 죽임을 당한다.
2. 『창세기』의 뱀은 최초의 인간 아담과 이브를 유혹하다 벌을 받고 땅을 기어 다니게 된다.

3.『중국신화전설 1』(위앤커, 민음사)에 따르면 고대 중국인들은 인간을 괴롭히는 네 가지 괴물 중 '비유'와 '산여'가 뱀을 닮았다고 믿었다. '비유'라는 괴물이 하늘로 날아오르는 모습을 인간이 보게 되면 큰 가뭄이 들었고, 뱀의 몸에 날개가 달린 '산여'가 날아오르면 무서운 일이 생겼다.

1장에서 말했듯이 뱀은 대지(땅 = 어머니)에 붙어 다니기에 원래 모계 사회를 상징하는 동물이었어. 중국 고대인들은 인류의 조상을 복희, 여와 남매로 보았는데, 이들을 그린 한나라 시대의 다양한 벽화가 중국 전역에 남아 있어. 복희와 여와의 모습은 상반신은 인간, 하반신은 뱀이야. 중국에서도 뱀 신앙이 모계 사회와 더불어 남아 있었던 거지. 뱀이 악의 화신으로 등장하거나 영웅이 뱀을 죽이는 이야기는 모계 사회가 몰락하고 부계 사회가 시작되는 것을 상징한다고 했지?

한 사회나 조직의 권력을 차지하려면 먼저 구세력의 힘을 꺾어 놓아야 해. 힘의 원천은 정신이야. 인간은 상징적 동물이라 정신의 힘을 잃으면 육체의 힘도 잃게 되지. 모계 사회를 상징하는 뱀을 죽이거나, 악한 존재로 만들어 내쫓는 이야기를 반복해서 듣게 되면 모계 사회를 지탱하던 정신적 힘이 약해지는 거야.

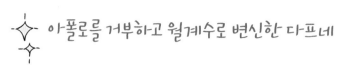

아폴로를 거부하고 월계수로 변신한 다프네

『변신 이야기』는 크게 신의 이야기, 신과 인간의 이야기, 인간의 이야기로 구성되어 있어. 또 신화와 현실의 스토리가 섞여 있지. 전체 15장 중에 14, 15장은 로마의 건국 신화와 카이사르, 피타고라스 등 오비디우스 당대에 관심을 받았던 현실적인 이야기로 이루어져 있어.

『변신 이야기』 속 250편의 주제는 대체로 사랑, 전쟁, 복수야. 그중 첫 번째인 사랑으로 아폴로와 다프네의 이야기가 나와. 아폴로는 의술, 예술, 태양을 담당하는 신이야. 의술을 담당해서 인간의 병을 치료하고 예술을 담당해서 노래도 잘해. 신이니까 당연히 부유하고. 더구나 잘생긴 청년의 모습이지. 이런 아폴로가 사랑에 빠진 상대가 바로 요정 다프네였어. 그런데 안타깝게도 다프네는 평생 처녀로 남고 싶은 여자였어.

아폴로가 다프네를 사랑하게 된 이유가 있어. 어느 날 아폴로는 작은 활을 갖고 놀던 큐피드(그리스 이름은 에로스)를 놀려.

"난 내 활로 사람들을 괴롭히는 괴물 피톤을 죽였다. 넌 그 작은 활로 뭘 하는 거니? 하하하."

큐피드는 자신을 놀린 아폴로에게 본때를 보여 주기 위해 몰래 자신이 갖고 있던 황금 화살을 쏘았어. 이 화살을 맞으면 처음 보는 것을 무조건 사랑하게 되어 있어. 그것이 사람이든 아니든 말이야. 아폴로가 황금 화살을 맞고 처음 본 게 바로 다프네야. 순간, 큐피드는 다프네에게 납 화살을 쏘았어. 이 화살을 맞으면 처음 보는 것을 무조건 증오하게 되어 있지.

황금 화살을 맞은 아폴로는 다프네를 쫓아갔어. 보통 여자에게 아폴로는 최고의 남자였어. 능력 뛰어나고, 잘생겼고, 부자이고, 한 여인만 사랑하는 남자. 이런 남자를 마다할 여자가 있을까? 있어. 납 화살을 맞은 다프네는 아폴로를 거부했어. 사랑이란 이런 거야. 타인이 보기에 아무리 완벽해도 당사자는 싫은 것. 반대로 남들은 다 별로라고 해도 내 눈에는 콩깍지가 쓰이기도 하지. 사람의 마음이란 참 알 수가 없지?

다프네는 아폴로가 쫓아오니까 "싫어, 싫어!" 하면서 도망가다 아버지인 강의 신 페네오스에게 자기 모습을 바꾸어 달라고 기도해. 결국 다프네의 몸은 월계수 나무로 변하지. 아폴로는 나무로 변한 연인이 안타까워서 그때부터 월계수를 자신의 나무로 삼았어.

다프네는 처녀 신인 디아나처럼 되고 싶어 했어. 처녀의 수호신인 디아나(그리스 이름은 아르테미스)는 어떻게 생겨나게 되었을까?

1. 남성에게 관심 없는 여성들이 있어서
2. 결혼은 하고 싶지만 가문이 연결해 준 남자를 싫어하는 여성이 있어서
3. 가정보다는 종교에 헌신하고 싶은 여성들이 있어서

정답은 1, 2, 3 모두겠지. 잘 생각해 보라고. 왜 '처녀를 지켜 주는 신'은 있는데 '총각을 지켜 주는 신'은 없을까? 반복해서 이야기하지만 그리스 신화에 처녀 수호신이 있다는 것은 첫째, 모계 사회의 영향력이 약하게나마 남아 있다는 것이고 둘째, 여성의 입장에서 여성을 지켜 줄 신이 필요했다는 증거야.

그리스, 로마 시대를 통틀어 여성의 발언권은 강하지 않았어. 만약 현실에서 아폴로 같은 남자가 청혼을 한다면 어떻게 되었을까? 다프네의 아버지 페네오스는 얼씨구나 하고 딸을 시집보냈을 거야. 물론 시집가기 싫다고 우기다 도망을 가거나 거부하는 경우도 있었겠지만 대부분의 여성들은 아버지, 부모, 혹은 가문의 결정에 따랐어. 그러다 보니 자기의 의사와 상관없이 결혼해서 아이 낳고 사는 여자가

많았겠지. 행복하게 잘 살기도 했겠지만 남편이나 아이가 속을 썩이 거나 처녀 때 사랑했던 남자를 다시 보게 되면 이들은 속으로 이런 생각을 했을 거야

'차라리 평생을 처녀로 살았더라면 좋았을 것을……'

이런 염원이 바로 처녀 수호신 아르테미스를 탄생시킨 거야. 이 글을 쓰는 동안 작가인 명 모 씨는 이런 생각을 했지.

'차라리 평생을 총각으로 살았더라면 좋았을 것을……'

 ## 사랑의 여러 얼굴을 보여 주는 『변신 이야기』

『변신 이야기』에는 다양한 사랑 이야기가 등장해.

자기 자신을 사랑한 나르키소스

나르키소스는 너무나 아름다운 소년이었기에 남녀노소 할 것 없 이 그를 좋아했어. 하지만 나르키소스는 아무도 좋아하지 않았고, 심 지어 무시했어. 그러자 '나르키소스를 좋아했으나 무시당한 사람들 의 모임'이 생겼어. 그중 한 사람이 이렇게 기도했지.

"그도 사랑을 얻지 못하는 일이 얼마나 괴로운지 느끼게 해 주 세요."

나르키소스는 샘물에 비친 멋진 사람을 보고 사랑에 빠지게 돼. 그

게 누구겠어? 자기 자신이지. 나르키소스는 자기를 너무 사랑한 나머지 샘물 속의 자기 모습만 바라보며 먹지도 마시지도 않다가 목숨을 잃었어. 그 자리에선 수선화가 피어났지.

살마키스의 사랑

물의 요정 살마키스는 헤르마프로디토스를 사랑했어. (헤르마프로디토스는 헤르메스와 아프로디테의 아들로, 그 이름은 두 신 이름의 합성어야.) 살마키스는 헤르마프로디토스에게 엉겨 붙어 한 몸이 되었는데, 결국 둘은 반은 남자이고 반은 여성인 존재가 되지. 양성을 소유한 몸이 된 그들은 양성애자를 상징해.

여자를 사랑하는 여자

이피스는 여자로 태어났지만 남자처럼 자랐어. 그는 이안테라는 소녀를 사랑했지. 이피스는 이시스 여신의 도움으로 소녀에서 소년으로 변신해서 이안테에 대한 사랑을 이어 나갔어.

친오빠를 사랑한 비블리스

비블리스와 카우노스는 쌍둥이 남매였는데 비블리스가 카우노스를 사랑하게 돼. 비블리스가 자신의 사랑을 친오빠에게 고백하자 카우노스는 제 동생을 어찌할 수 없어 먼 나라로 떠나 버렸어. 비블리스는 미쳐 돌아다니며 늘 울기만 했지. 신들은 그녀를 불쌍히 여겨서 아예 마르지 않는 샘으로 변신하게 했어.

아버지를 사랑한 미르라

미르라는 아버지를 사랑했어. 그 사랑은 이루어질 수 없었지. 그러나 미르라는 유모를 끌어들여 아버지에게 술을 먹인 뒤 동침했어. 이 사실을 알게 된 아버지가 미르라를 죽이려 하자 그녀는 멀리 도망쳐서 미르라 나무로 변신해. 미르라 나무의 수지인 몰약은 미르라가 흘리는 눈물이라고도 해.

신화는 상징과 비유의 세계

『변신 이야기』에는 사랑 외에도 엽기적인 복수와 범죄 이야기들이 실려 있어. 자기를 배신한 남편에게 복수하기 위해 친자식을 죽이는 메데이아, 동생을 겁탈한 남편에게 잔인하게 복수하는 프로크네 등등. 고대 그리스 사람들은 왜 이런 괴팍한 이야기를 만들어 냈을까? 신화를 다큐멘터리로 받아들이면 안 돼. 신화는 상징과 비유의 세계야.

자기를 배신한 남편에게 복수하려고 자식을 죽이는 메데이아 이야기는 무엇을 상징할까? 이 이야기는 어려울 때 도와 준 자신을 버리고 새 여자에게 간 남편에 대한 질투와 미움이 친자식을 죽일 생각이 들 정도로 강하다는 것을 상징해. 또 근친상간 스토리는 인간이란 잠재의식 속에서 가까운 사람을 사랑하고, 그 사랑으로 형제애와 이성애 사이에서 갈등한다는 점을 뜻해. 다양한 사랑의 모습은 무엇을 의미할까? 플라톤은 『향연』에서 시인 아리스토파네스의 입을 빌려 이렇게 이야기했어.

"처음 창조되었을 때 인간은 세 종류였다. 남자와 남자, 남자와 여자, 여자와 여자가 한 몸이었다. 이들이 힘이 세지고 오만해지자, 신은 이들을 둘로 갈랐다. 사랑은 오래전 갈라진 자기의 반쪽을 찾아 완전해지는 과정이다."

그리스 신화는 인간이 이성만 사랑하는 것이 아니라 동성도 사랑하고 양성도 사랑할 수 있다는 점을 비유하고 있어.

물론 『변신 이야기』에는 영웅에 대한 이야기와 모험 이야기도 많아. 『변신 이야기』는 오비디우스라는 천재 작가에 의해 재탄생한 그리스 신화의 보고야. 서양 문화와 예술을 이해하는 데 필수적인 고전이지. 나머지 흥미진진한 이야기는 여러분이 꼭 찾아 읽기를.

3

『일리아스』

트로이 전쟁 영웅들의 불꽃같은 삶

서양인의 '단군 신화' 같은 이야기

『일리아스』는 '일리오스의 노래'라는 뜻이야. 호메로스 시대의 일리오스는 트로이아라고도 불렸어. 영어로는 트로이Troy야. 일리오스는 트로이성 안의 지역만을 가리키고, 트로이는 성을 포함한 주변 지역까지 포함한 지명이지. 현재 터키의 차나칼레주에 트로이 유적이 있어.

B.C. 13세기에 일어난 트로이 전쟁 이야기는 서양인들에게 수천 년 동안 전해져 내려왔어. 우리가 단군 할아버지 이야기를 신화로 여기듯이 서양 사람들은 모두 트로이 전쟁 이야기를 신화이고 전설이라고 여겼지.

이 『일리아스』에 얽힌 몇 가지 사실들이 있어. 들어 볼래?

1. 독일의 미술사가 요한 빙켈만(1717년~1768년)은 강도가 휘두르는 칼을 맞고 죽었는데 죽는 순간까지 호메로스의 책을 읽고 있었다.

2. 하인리히 슐리만(1822년~1890년)은 여덟 살 때 아버지에게 『일리아스』 이야기를 듣고 트로이 유적을 발굴하겠다고 마음먹었다. 그의 아버지는 『일리아스』를 호메로스가 지어낸 이야기일 뿐이라고 말했다. 슐리만은 고고학과 그리스어를 배우고 사업에 성공해 부자가 된 뒤, 1870년부터 발굴 작업에 들어가 트로이 유적을 찾아냈다.

3. 하인리히 슐리만은 그리스 여인과 결혼해서 아들과 딸을 낳았는데 아들의 이름은 아가멤논, 딸의 이름은 안드로마케였다. 두 이름은 『일리아스』에 등장하는데, 아가멤논은 그리스군 총사령관이고 안드로마케는 트로이군 총사령관 헥토르의 아내이다.

4. 『일리아스』는 10년 동안의 트로이 전쟁 기간 중 약 30일 동안 일어난 일만 다루고 있다.

5. 트로이 전쟁 이야기인 『일리아스』에 트로이 목마 이야기는 나오지 않는다. 트로이 목마 이야기는 『일리오스의 함락』이라는 다른 서사시에 나온다.

6. 『일리아스』는 한글로 번역된 책이 700페이지에 이른다. 호메로스의 또 다른 책 『오디세이아』는 500쪽이 넘는다. 고대 그리스 시대에는 5년마다 한 번씩 아테나 여신 대축제를 열었는데 이때 시인들이 '『일리아스』·『오디세이아』 암송하기 대회'를 열었다. 처음부터 끝까지 다 외우는 사람들도 있었다.

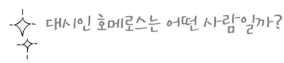

대시인 호메로스는 어떤 사람일까?

서양 역사상 가장 위대한 시인은 호메로스야. 호메로스는 B.C. 800년쯤에 활동한 것으로 추정돼. 정확한 생몰 기록은 없어. 어떤 사람은 그가 시각 장애인이라고 하고, 어떤 사람은 B.C. 12세기에 이미 활동했다고 주장하지. 어디에서 태어났는지도 정확히 알 수 없어. 터키의 스미르나에서 태어났다는 설이 가장 유력하지만 근방에 있는 일곱 개나 되는 도시에서 제각각 '여기가 호메로스의 진짜 고향'이라고 주장하고 있어. 이 지역은 당시 그리스에 속해 있었지.

호메로스는 『일리아스』와 『오디세이아』를 썼어. 정확히 말하자면 '쓴' 것은 아니고 '외운' 것이지. 호메로스는 글을 쓰지 않았어. 『일리아스』와 『오디세이아』를 암기해서 사람들에게 들려준 거야. 『일리아스』와 『오디세이아』는 각각 24편으로 되어 있는데, 한 편이 한 번에 낭송하기 좋은 분량이지. 아마도 그때 그리스 도시에는 이런 포스터가 붙어 있었을지도 몰라.

개봉 박두! 대시인 호메로스의 『일리아스』 낭송 시즌 오픈!

3월 1일부터 31일까지 매일 오후 7시,

아크로폴리스에서 호메로스의 『일리아스』가 울려 퍼집니다.

서둘러 예매하세요. (매주 월요일은 쉽니다.)

『일리아스』 이전 이야기 1

『일리아스』를 이야기하려면 먼저 트로이 전쟁이 왜 일어났는지부터 알아야 해. 바람둥이 제우스는 바다의 여신 테티스를 좋아했어. 그러나 "테티스가 낳은 아들은 아버지를 능가할 것이다."라는 예언에 따라 테티스를 단념하고 그녀를 인간인 펠레우스와 결혼시켰지.

테티스와 펠레우스의 결혼식에는 모든 신이 초대받았으나 불화의 여신 에리스만은 초대받지 못했어. 에리스는 앙심을 품고 '가장 아름다운 여신에게'라고 새겨진 황금 사과를 결혼식장에 떨어뜨려 놓았어. 이 사과를 놓고 헤라, 아테나, 아프로디테 세 여신이 서로 자기가 가져야 한다고 우겼지. (이미 결혼식은 뒷전이야.)

세 여신은 제우스에게 누가 가장 아름다운 여신인지 판정해 달라고 요구해. 하지만 제우스는 판정할 수 없었어. 왜냐고? 헤라는 부인, 아테나는 딸, 아프로디테는 며느리(아프로디테는 제우스의 아들 헤파이스토스의 부인)였기 때문이야.

제우스는 이 선택을 인간 중 가장 잘생긴 남자에게 맡겨. 그가 바로 트로이의 왕자 파리스(별명은 알렉산드로스)야. 세 여신은 파리스에게 이렇게 말하지.

헤라: 나를 택하면 그대에게 아시아를 다스릴 수 있는 권력과 부귀영화를 주겠다.

아테나: 나는 어떤 전쟁에서도 승리할 수 있게 해 주겠다.

이렇게 두 여신은 엄청난 조건을 내걸었어. 파리스는 웃으며 아프로디테를 쳐다봤어. '여신님은 뭘 줄 수 있소?' 하는 표정으로 말이야. 아프로디테는 줄 게 별로 없었어. 그래서 엉겁결에 "나를 택하면 그대에게 세상에서 가장 아름다운 여인을 주겠다." 하고 약속했어. 파리스는 아프로디테를 택했어.

『일리아스』 이전 이야기 2

파리스는 왜 아프로디테를 택했을까? 일단 그는 트로이의 왕자였기에 권력이나 부귀영화에 관심이 없었어. 전쟁에서 승리하는 것? 파리스의 형 헥토르는 이름난 장수였어. 파리스까지 전쟁을 잘할 필요는 없었지. 더구나 헥토르는 트로이 지역에서 가장 아름답다는 안드로마케를 아내로 두고 있었어. 그래서 이때 파리스에게 가장 필요했던 것은 아름다운 여인과 사랑을 나누고 가정을 이루는 것이었어.

파리스의 선택은 서양의 화가들이 그림의 소재로 많이 삼았어. 르네상스 시대에는 풍만하고 근육질인 여신이 등장하는데 현대로 올수록 이 세 여신이 점점 마른 몸매로 표현되는 걸 보면 미인에 대한 기준이 바뀌어 온 것을 알 수 있지.

어쨌든 아프로디테는 황금 사과를 차지했어. 일단 손에 넣고 나서 세상에서 가장 아름다운 여인이 누군지 봤지. 그랬더니 스파르타 왕 메넬라오스의 왕비 헬레네였어. 헬레네는 딸을 낳고 메넬라오스와 잘 살고 있었어. 이 여인을 어떻게 파리스에게 줄 수 있을까? 아프로디테는 파리스에게 형 헥토르와 함께 스파르타를 방문하라고 해. '평화 협정'을 맺는다는 핑계로 말이야. 둘이 스파르타 궁정에 들어서자 아프로디테는 아들 에로스에게 "헬레네가 파리스를 쳐다보는 순간, 알지?"라고 말해. 파리스가 궁에 들어와 헬레네와 눈이 마주치는 순간, 에로스는 황금 화살을 쏘지. 헬레네는 파리스를 보고 한눈에 반해 버렸어.

파리스는 트로이로 돌아가는 배 안에 헬레네를 숨겨서 데려갔어. 메넬라오스 입장에서 보면 이건 납치였지. 그래서 메넬라오스는 형 아가멤논과 함께 그리스 전 지역의 군사를 모아 트로이를 습격해.

 ## 맹세로 형성된 헬레네 구조대

한 여인의 납치 사건에 왜 온 그리스 지역의 장수가 다 모였을까? 여기엔 또 다른 이야기가 숨어 있어. 헬레네가 결혼할 나이가 되었을 때, 최고의 미인을 차지하려는 수십 명의 구혼자가 그리스 전역에서 모여들었지. 죄다 왕족 아니면 귀족이었어. 헬레네의 아버지 틴다레오스는 이 잘난 구혼자들 중 한 사람을 고르는 데 애를 먹었어. 이때 꾀쟁이 오디세우스가 틴다레오스의 고민을 풀어 주게 돼. 오디세우스는 뭐라고 말했을까?

1. "따님을 나에게 주면 나머지 놈들은 모두 처치하겠소."
2. "일처다부제를 실시해서 헬레네에게 여러 명의 남편을 두게 하시오."
3. "일단 모든 구혼자들에게 '헬레네에게 무슨 일이 생기면 돕겠다.'라는 맹세를 받으시오."

정답은 3번. 오디세우스의 제안대로 모든 구혼자는 먼저 맹세를 했어. 그러고 나서 헬레네는 잘생기고 부유한 메넬라오스를 택했어. 헬레네가 납치되자 이 구혼자 연맹은 그녀를 구하기 위해 트로이 전쟁에 참가해야만 했지. 그러니까 맹세는 함부로 하는 게 아니야.

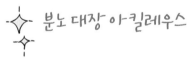

분노 대장 아킬레우스

분노를, 노래하소서 여신이여.

펠레우스의 아들 아킬레우스가 화를 내

수많은 아카이아인이 병들고

강인하고 훌륭한 전사들 여럿이 죽음의 집에 떨어져

그 시신을 새와 개 떼의 먹이가 되게 했으니.

제우스가 원하는 대로 되고 있었네.

뮤즈여, 인간의 왕 아가멤논과 빛나는 아킬레우스가

서로 깨질 듯 부딪혔던 때부터 이야기해 주소서.

『일리아스』는 아킬레우스가 분노에 휩싸인 이야기로 시작해. 그리고 아킬레우스가 화를 잠재우는 것으로 끝나. 한마디로 『일리아스』는 아킬레우스가 주인공인 작품이야.

아킬레우스는 왜 분노하게 되었고, 어떻게 분노를 가라앉혔을까? 그의 분노는 아가멤논 때문이야. 어느 날 그리스군 사이에 전염병이 돌았어. 신탁을 받아 보니, 미케네의 왕 아가멤논이 아폴론 신전을 지키는 사제의 딸을 납치해 왔는데 그녀를 돌려주지 않아 신의 노여움을 샀다는 거야. 그리스 장수들은 회의를 열었어. 그 자리에서 아킬레우스가 아가멤논에게 사제의 딸을 돌려보내라고 하자 아가멤논은 그녀를 돌려보내는 대신 아킬레우스 장군의 여인인 브리세이스를 달라고 우겼지. 아가멤논이 브리세이스를 강제로 데려가자 아킬

● 호메로스, 로버트 페이글스 옮김, 『일리아드The IliA.D.』, Penguin books, 1990, 77쪽

레우스는 화가 나서 "앞으로 전투에 나서지 않겠다."라고 선언했어.

아킬레우스 없는 그리스군은 팥 없는 찐빵이나 마찬가지야. 그가 나서지 않자 그리스 연합군은 트로이군에게 밀리게 되지. 보다 못한 파트로클로스가 아킬레우스의 갑옷과 투구를 쓰고 나가서 싸우다 헥토르에게 죽임을 당했어. 파트로클로스는 아킬레우스가 형제처럼 사랑하던 장수였어. 아킬레우스는 '분노×분노'의 상태가 되어서는 트로이 성벽 앞으로 혼자 달려가 "헥토르 이 OO! 나와! 나랑 일대일로 붙자!" 하고 외쳤어. 헥토르가 나오자 아킬레우스가 달려들었고 두 사람은 열 번 정도 칼을 맞부딪쳤지. 그러다 결정적인 한 방에 헥토르가 죽고 말았어. 헥토르가 죽어 가면서 "제발 부탁이니 내 시신을 우리 부모에게 돌려주게."라고 말하자 아킬레우스는 분노 게이지가 최대치로 차올라서 이렇게 외쳤어.

"부탁이라고? 이 아양 떠는 강아지 같은 놈! 네가 나한테 준 고통을 생각하면 너무 열 받고 화나서 네 살을 잘게 썰어 날로 먹고 싶은 심정이야!"

나는 친절한 작가니까 이 대목의 영어 원문을 실어 줄게.

"Beg no more, you fawning dog-my rage, my fury would drive me now to hack your flesh away and eat you raw-such agonies you have caused me!"[*]

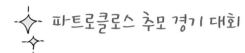

파트로클로스 추모 경기 대회

아킬레우스는 헥토르를 죽이고 나서 파트로클로스를 추모하는 경기 대회를 열었어. 경기에서 좋은 성적을 거둔 이에게는 상을 주기도 했지. 아킬레우스가 전차 경주 대회를 위해 어떤 상을 내놓았는지 볼까?

> 1등: 흠잡을 데 없이 예쁘고 수공예에 능한 여인과, 손잡이가 둘 달린 22되들이 세발솥
> 2등: 노새 새끼를 밴 길들여지지 않은 암말 한 마리
> 3등: 처음 만들었을 때와 똑같이 블링블링하고 아직 불꽃이 스친 적 없는 넉 되들이 냄비
> 4등: 황금 두 덩어리
> 5등: 불이 닿은 적 없는 손잡이 둘 달린 주전자

이런 게 참 재미있어. 고전을 읽을 때는 아주 사소한 점까지 잘 봐야 해. 여기서 우린 다음과 같은 사실을 알 수 있지.

1. 그리스의 건장한 남자들은 전차 경주 대회를 벌였다.

• 앞의 책, 553쪽

2. 아름답고 손재주 좋은 여인이 1등 상품이었다. (아무리 3천 년
   전이라도 이건 좀 너무했다!)
3. 1등, 3등, 5등 상품이 주방 용품이었다. 솥, 냄비, 주전자 등등.

그리스의 장수들은 전차 경주가 끝나고 나서 "시합이 불공정했다."
라거나 "심판이 상대 쪽 편을 들었다."면서 상품을 놓고 서로 갖겠다
고 싸우기도 했어. 영웅들인데 좀스럽기도 하지.

그다음엔 권투 시합이 열려. 권투 시합도 재미있는 게 이긴 사람과
진 사람 모두에게 상을 줬어. 이긴 사람에겐 노새 한 마리, 진 사람에
겐 손잡이 둘 달린 잔. 당연히 노새가 더 값진 것이겠지. 시합이 시작
되자 에페이오스라는 자가 나와서 노새를 어루만지며 이렇게 말했어.

"누구든 손잡이 둘 달린 잔을 갖고 싶은 사람은 나오시오. 이 노새
는 내가 가져갈 테니."

오호, 자신감이 대단한데? 이 말을 듣고 모두 잠잠했어. 에페이오
스는 그리스 최고의 권투 선수였거든. 말하자면 그리스 챔피언이었
지. 그런데 테베에서 제일 잘나가던 에우리알로스가 도전장을 내밀
었어. 테베는 그리스 북부 지역이야. 자, 결과는 어떻게 됐을까?

두 용사는 벨트를 단단히 매고 링 가운데로 나가 마주 섰다. 그들은
주먹을 꽉 쥐고 몇 번 빠르게 앞으로 내밀었다. 무시무시하게 이를 갈며
거친 펀치를 교환하자 몸을 떨 때마다 땀이 비 오듯 했다. 에우리알로스

가 방어 자세를 살짝 풀고 상대의 빈틈을 노렸다. 순간 에페이오스는 아래로부터 주먹을 크게 휘둘러 에우리알로스의 턱을 가격했다. 에우리알로스는 무릎이 풀려 더 서 있지 못했다. 마치 북풍의 잔물결 밑에서 솟아오른 물고기가 해초로 뒤덮인 해안으로 떨어지자 검은 파도가 그놈을 기절시키듯, 그렇게 에우리알로스는 튀어 올랐다가 쓰러졌고 정신을 잃었다. 하지만 마음이 넓은 에페이오스는 그를 두 손으로 잡아 일으켜 세웠고, 에우리알로스 쪽 사람들도 달려와 그를 부축했다. 에우리알로스는 머리를 한쪽으로 떨어뜨리고 입에서 핏덩이를 질질 흘리며 끌려 나갔다. 링의 한쪽 끝에 이를 때까지도 그는 정신을 차리지 못했으나 에우리알로스 쪽 사람들은 손잡이 둘 달린 잔을 가져가는 걸 잊지 않았다.

● 앞의 책, 580~581쪽

재미있지? 지역 챔피언이 전국 챔피언에게 도전했다가 지는 모습, 이긴 사람의 아량, 진 쪽이 "진 것은 진 것이고 상품은 챙겨야지." 하는 모습 등이 웃음을 자아내지. 파트로클로스 추모 경기는 전차 경주, 권투, 레슬링, 달리기, 창과 방패로 무장하고 싸우기, 원반던지기, 활쏘기, 창던지기 같은 시합으로 이어졌어.

신과 인간이 함께 얽히고설킨 전쟁

파트로클로스 추모 경기에서 두 사람이 경쟁할 때 가끔 신이 개입하기도 해. 예를 들어 활쏘기 시합을 할 때 이름난 궁수 두 사람이 등장해. 테우크로스와 메리오네스야. 이들은 모래 위에 기둥을 세우고 그 끝에 비둘기를 잡아매 놓고 맞히기 시합을 벌였어. 활쏘기 실력은 테우크로스가 좋았으나 그는 비둘기를 매어 놓은 끈을 맞히고 메리오네스는 비둘기를 맞혔지. 그래서 메리오네스가 이겼어. 그 이유가 뭘까?

메리오네스는 활을 쏘기 전에 궁술의 신 아폴론에게 기도를 했어.

'내가 이 시합에서 이기면 새끼 양을 아폴론 신전에 희생물로 바치겠나이다.'

테우크로스는 자신의 실력만 믿고 아무 생각 없이 활을 쏘았지. 결국 간발의 차이로 메리오네스가 이긴 거야.

트로이 전쟁은 B.C. 13세기에 일어난 일이고, 호메로스는 B.C. 9세기 사람으로 알려져 있어. 이때 그리스 사람들은 인간에게 일어나는 모든 일에 신이 관여한다고 믿었어. 『일리아스』속 트로이 전쟁 역시 신과 인간이 동시에 싸우는 전쟁이지. 그리스와 트로이 사이의 전쟁은 역사상 최초의 세계 대전이라고 할 만해.

그리스 편으로 참여한 장수는 28명, 함선은 1,186척이었어. 대표적인 장수들의 이름을 보자.

미케네 왕 아가멤논: 그리스군 총사령관. 탐욕이 가득한 인물

이타케 왕 오디세우스: 트로이 전쟁을 승리로 이끈 전략가. 트로이 목마도 그의 아이디어였다.

프티아 왕자 아킬레우스: 그리스군에서 가장 용맹한 장수

스파르타 왕 메넬라오스: 트로이 전쟁의 원인이 된 헬레네의 남편

필로스 왕 네스토르: 그리스군의 멘토 역할을 하는 노장수

트로이 편에 참여한 대표적인 인물들도 알려 줄게.

트로이 왕자 헥토르: 트로이군 총사령관. 헬레네를 납치한 파리스의 형

트로이 장군 아이네이아스: 트로이가 멸망하고 이탈리아반도로 가서 로마를 건국했다.

리키아의 사르페돈: 소아시아 남서쪽 끝에서 트로이를 지원하기 위해 왔다.

아마존 여왕 펜테실레이아: 흑해 연안에 있던 여인들의 나라 여왕. 나중에 아킬레우스와 일대일 대결을 벌이다 죽임을 당했다.

에티오피아의 왕 멤논: 새벽의 여신 에오스와 티토노스의 아들. 아프리카에서 트로이 연합군에 합류했다.

신들 역시 그리스 편(헤라, 아테나, 헤파이스토스)과 트로이 편(아프로디테, 아레스, 아폴론)으로 나뉘었어.

아프로디테: 파리스와 헬레네를 연결해 주었기 때문에 트로이 편을 들었다.

헤라와 아테나: 파리스가 자신들을 '아름다운 여신'으로 선택해 주지 않아 그리스 편이 되었다.

아레스: 아프로디테의 애인이었기 때문에 트로이 편을 들었다.

아폴론: 아폴론 신전을 모욕한 아가멤논 때문에 트로이 편을 들었다.

헤파이스토스: 자신을 길러 준 테티스 여신의 부탁으로 아킬레우스를 위해 투구와 갑옷 등을 만들어 주었다. 아킬레우스를 추격하는 강의 신 크산토스를 불로 공격했다.

그리스 신화에는 두 명의 전쟁의 신이 있어. 아레스와 아테나야.

아테나

아레스

아레스는 트로이 편이었고, 아테나는 그리스 편이었지. 그런데 아레스는 번번이 아테나에게 지고 말아. 둘 다 전쟁의 신인데, 왜 아레스는 아테나의 상대가 못 되었을까?

1. 아테나의 동생이었던 아레스가 누나의 말에 주눅이 들었다.
2. 아테나는 전쟁의 여신이면서 동시에 지혜의 여신이었기에 아레스가 당해 낼 수 없었다.
3. 아레스는 헤라의 아들이었기에 어머니가 나타나면 꽁무니를 뺐다.

정답은 2번. 아레스도 전쟁의 신이었지만 그는 공격과 살육, 파괴를 좋아했고 전략이 없었어. 반면 아테나는 머리를 써서 아레스를 골탕 먹이곤 했지.

『일리아스』에는 아테나가 아레스를 돌로 쳐서 넘어뜨리고 이렇게 말하는 장면이 있어.

"어리석은 자여, 나와 힘을 겨루려 하다니. 내가 그대보다 얼마나 더 강하다고 자부하는지 아직도 몰랐더란 말인가! 그대의 어머니는 그대가 아카이아인(아카이아, 다나오스, 아르고스는 모두 그리스를 이르는 말)을 버리고 오만불손한 트로이아인들을 돕는다고 화가 나서 그대에게 재앙을 꾸미고 있는데, 이로써 그대에게 어머니의 저주가 이루어지겠구려."

적장을 감동시킨 부성애

아킬레우스는 헥토르를 죽이고 나서 그를 마차 뒤에 묶고 트로이 성을 한 바퀴 돌았어. 그걸 보는 헥토르 아버지의 심정은 어땠겠어? 아킬레우스는 친구인 파트로클로스를 위해서는 추모 경기까지 열었지만 헥토르의 시신은 마차에 매단 채 그대로 방치했어. 어느 날 밤, 아킬레우스의 막사에 한 노인이 찾아왔지. 바로 헥토르의 아버지이자 트로이의 왕 프리아모스였어. 그는 적진 한가운데로 들어와 자식을 죽인 적장 앞에 금은보화를 내놓고 이렇게 호소했어.

● 윤일권 · 김원익, 『그리스 로마 신화와 서양 문화』, 알렙, 2015, 556~557쪽

"신과 같은 아킬레우스여, 그대의 아버지를 생각하시오! 나와 동년배이며 슬픈 노령의 문턱에 서 있는 그대의 아버지를. 혹시 인근에 사는 주민들이 그분을 괴롭히더라도 그분을 파멸과 재앙에서 구해 줄 사람은 아무도 없을 것이오. 그래도 그분은 그대가 살아 있다는 소식을 들으면 마음속으로 기뻐하며 날이면 날마다 사랑하는 아들이 트로이아에서 돌아오는 것을 보게 되기를 고대하고 있을 것이오. 하나 나는 참으로 불행한 사람이오. 드넓은 트로이아에서 나는 가장 훌륭한 아들들을 낳았건만 그중 한 명도 안 남았으니 말이오. (……) 도성과 백성들을 지키던 헥토르도 조국을 위해 싸우다가 얼마 전에 그대의 손에 죽었소. 그래서 나는 그 애 때문에, 그대에게서 그 애를 돌려받고자 헤아릴 수 없는 몸값을 가지고 지금 아카이아인의 함선들을 찾아온 것이오. 아킬레우스여! 신을 두려워하고 그대의 아버지를 생각하여 나를 동정하시오."˙

이렇게 말을 마치자 프리아모스는 죽은 자식을 생각하며, 아킬레우스는 살아 있는 아버지를 생각하며 울었어. 아킬레우스는 실컷 울고 나서 노인을 일으켜 세웠지. 그리고 하녀들을 시켜 헥토르의 시신을 잘 씻고 기름을 바른 뒤 옷을 입혀 주었어. 아킬레우스는 손수 헥토르의 시신을 들어 수레에 실었어. 그사이 아킬레우스의 부하들은 프리아모스가 가져온 귀중한 것들을 챙겨. (주로 솥, 컵 같은 식기들

● 호메로스, 천병희 옮김, 『일리아스』, 도서출판 숲, 2007, 671쪽

이야. 그리스에서는 식기들이 귀중품이었나 봐.)

아킬레우스는 프리아모스에게 시신을 가져갈 수 있게 모두 준비해 놨다고 말한 뒤, 포도주와 양고기로 그를 대접했어. 프리아모스는 자식이 죽은 뒤에 먹지도 자지도 못했기에 음식을 먹고 잠을 청하지. 잠들기 전 아킬레우스는 프리아모스에게 헥토르의 장례를 치르려면 며칠이 걸리느냐고 물었어. 프리아모스는 12일이 걸릴 거라고 대답했지. 아킬레우스는 "앞으로 12일 동안 전투를 하지 않겠다."라고 약속하고 잠자리에 들었어. 아킬레우스도 참 멋진 사람이지?

 ## 비로소 분노를 내려놓은 영웅, 그리고 그의 운명

결국 이렇게 아킬레우스가 분노를 풀고 헥토르의 장례가 치러지는 이야기로 『일리아스』는 막을 내려. 아킬레우스는 아가멤논에 대한 화를 풀면서 어머니 테티스 여신에게 이런 말을 해.

"불화가 신과 인간 사이에서 사라진다면 얼마나 좋을까요. 가장 현명한 인간마저 미치게 하는 분노도 사라진다면요. 격렬한 분노는 뚝뚝 떨어지는 꿀보다 달콤해서 우리의 가슴에 가득 차고 연기처럼 눈을 가리지요. 인간의 왕 아가멤논이 나를 화나게 했던 것처럼요. 이제 됐어요. 지나간 것은 지나간 대로 놔두고 싶어요. 너무 견디기 힘들지만 고통을 누르고 내 마음

속에서 끓어오르는 화를 이제는 가라앉히겠어요."[*]

아킬레우스의 어머니 테티스 여신은 아들에게 무구(투구, 갑옷, 정강이 가리개, 방패 등)를 가져다주면서 그가 단명할 것이라며 안타까워했지. 아킬레우스는 평범하게 오래 사느니 전쟁에 나가 전우를 위해 목숨을 바치고 명성을 얻는 것이 더 나은 삶이라고 말했어. 이것이 바로 영웅의 삶이야. 죽을 줄 알면서도 전투에 임하는 것. 이순신 장군도 이렇게 말했지.

"사즉생死則生, 죽으려고 하면 살 것이다."

아킬레우스는 "내 죽음이라는 운명은 제우스와 다른 불멸의 신들이 이루길 원하는 때라면 언제든 받아들이겠다."라고 말해. 『일리아스』에는 나오지 않지만, 아킬레우스는 공교롭게도 파리스의 화살에 발뒤꿈치를 맞고 죽었어. 테티스 여신이 아들이 불사신이 되길 바라며 아기였을 때 스틱스강에 담갔는데, 이때 아기의 발목을 잡고 넣었다 뺐거든. 아킬레우스는 다른 곳은 다쳐도 금방 나아서 불사신처럼 싸웠지만, 발뒤꿈치는 치명적 약점이었어. 하필 파리스는 이곳을 명중시켜 아킬레우스의 목숨을 끊었지.

운명은 그리스 신화에서 매우 중요한 주제야. 그리스의 비극 시인 소포클레스는 『오이디푸스 왕』에서 이렇게 말했어.

● 호메로스, 로버트 페이글스 옮김, 『일리아드The IliA.D.』, Penguin books, 1990, 471쪽

"운명은 신도 바꾸지 못하는 법."

오이디푸스는 '아버지를 죽이고 어머니와 결혼할 운명'을 안고 태어났어. 그는 이 운명을 피하기 위해 조국을 떠나지만, 길에서 만난 노인(친아버지)을 죽이고 테베의 왕비(친어머니)와 결혼하지. 20여 년 뒤, 자기도 모르는 사이에 운명이 이루어졌다는 사실을 알고 그는 자신의 눈을 도려내고 먼 길을 떠나. 운명이란 가혹하고 냉정한 것, 피하려 해도 피할 수 없는 것, 그러므로 인간은 조용히 운명의 부름을 따라야 하며 오만하게 그것을 거부해선 안 된다는 것. 이것이 그리스 신화를 비롯해 『일리아스』에 흐르고 있는 사상이야.

호메로스를 왜 읽어야 할까?

영국의 시인 알렉산더 포프(1688년~1744년)는 이렇게 말했어.

"Homer makes us hearers."

직역하면 "호메로스는 우리를 듣는 사람으로 만든다."이고, 의역을 하면 "호메로스는 우리에게 멋진 낭독 작품을 남겼다." 정도가 되겠지. 호메로스라는 천재 시인은 『일리아스』를 통해 풍부하고 멋진 표현을 구사하고 있어. 구체적으로 살펴보자.

호메로스가 위대한 이유는 인물 하나를 묘사할 때도 가문의 유래, 그의 외모, 습관, 옷의 형태와 무기의 특징 등 디테일을 정성 들여 다듬었기 때문입니다. 그에게는 그냥 아킬레우스란 없습니다. '영광스러운 펠레우스의 아들 아킬레우스'가 있을 뿐입니다. 그냥 오디세우스가 아니라 '칭찬을 많이 듣는 오디세우스', '제우스만큼이나 지략이 뛰어난 오디세우스'이지요. '그는 죽었다.'가 아니라 '적이 던진 돌덩이가 그를 하데스의 집으로 데려갔다.', '청동 칼이 그의 사지를 풀어헤쳤다.', '창은 내장 깊숙이 들어와 등으로 솟구쳤으며 곧 그는 무릎이 풀렸다.'입니다. '그대는 내 창에 찔려 죽을 것이오.'가 아니라 '여기 이 사람들은 보게 될 것이오. 그대의 검은 피가 내 창끝에서 얼마나 빨리 솟아오르는지를.'입니다. 이런 대목을 읽을 때 재미가 톡톡 튑니다. 텍스트를 바탕으로 내 맘대로 캐스팅해서 내 맘대로 연출하면 머릿속에서 순식간에 트로이 바닷가 한가운데에서 스펙터클한 전투신scene이 펼쳐집니다. 스마트폰을 들여다보며 하는 게임 따위와는 비교할 수 없는 '뇌 활용 순수 유희'입니다. 종이로 된 책을 손에서 도저히 놓을 수 없는 이유지요.[•]

『일리아스』는 『오디세이아』와 함께 이후 서양의 모든 작가들에게 교과서가 됐어. 수많은 예술품의 소재가 되기도 했지. 『일리아스』와 『오디세이아』를 모르고는 서양의 문화와 예술을 이해하기 어려워. 여러분도 두 고전을 꼭 읽어 보길.

• 명로진, 『짧고 굵은 고전 읽기』, 비즈니스북스, 2015, 302쪽

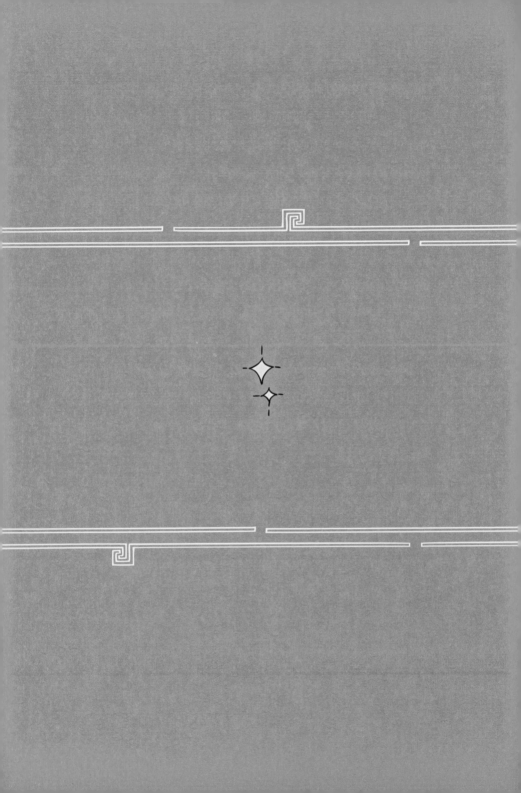

4

『오디세이아』

모험, 표류, 사투!
3천 년 전의 어드벤처 로드 무비

✧ 오디세우스 이야기를 둘러싼 여섯 가지 의문점

『오디세이아』는 트로이 전쟁의 영웅 오디세우스가 전쟁이 끝나고 10년 동안 타국을 떠돌다가 집으로 돌아가는 이야기야. 트로이 전쟁이 10년간 지속되었으니 오디세우스는 조국인 이타케를 떠난 지 20년 만에 귀국하게 되지.

오디세우스는 섬나라 이타케의 왕이었어. 그가 전쟁이 끝나고도 오랫동안 돌아오지 않자, 이타케에 있는 그의 궁전은 오디세우스의 아내 페넬로페에게 구혼하려는 사람들로 넘쳐났어. 그 숫자는 무려 108명! 호메로스는 108명이라고 했지만 아테네 출신 학자 아폴로도로스는 그의 책 『도서관』에서 136명이라고 했어. 어쨌든 많은 숫자지. 이들은 매일 오디세우스의 궁전에 와서 먹고 마시면서 오디세우스의 재산을 축냈어.

오디세우스는 수많은 곳을 떠돌며 괴물과 싸우고 저승에 다녀오고 부하들을 모두 잃은 뒤 천신만고 끝에 고향으로 돌아와서 구혼자들을 모두 죽이고 아내 페넬로페와 재회했지. 이것이 『오디세이아』

의 줄거리야. 여기서 몇 가지 의문이 생겨.

1. 왜 오디세우스는 그렇게 오랫동안 고향에 돌아가지 못했을까?
2. 오디세우스는 어디 어디를 돌아다녔을까?
3. 왜 오디세우스의 아내 페넬로페에게 구혼하는 사람들이 그렇게 많았을까?
4. 왜 구혼자들은 공짜로 먹고 마시면서 오디세우스의 재산을 축 냈을까?
5. 오디세우스는 굳이 구혼자들을 다 죽여야 했을까?
6. 구혼자들이 죽고 나서 그 유족들은 가만히 있었을까?

이런 의문을 하나하나 풀어 보면서 『오디세이아』를 읽어 보자고.

오디세우스가 고향으로 돌아가지 못한 이유

트로이 전쟁이 그리스 연합군의 승리로 끝나고 난 뒤 아가멤논을 비롯한 그리스 장수들은 전리품을 가득 싣고 돌아왔어. 오디세우스 역시 그리스 서쪽 섬인 이타케로 돌아와야 했어. 트로이에서 이타케 까지는 배를 타고 두어 달이면 갈 수 있는 거리야. 이 코스를 오디세 우스는 10년이나 걸려 돌아오게 되지.

오디세우스도 처음에는 자기 부하들과 함께 열두 척의 배를 나눠 타고 트로이를 떠났어. 트로이 건너편 이스마로스에 이르렀을 때, 이 곳에 사는 키코네스족이 습격해 와서 오디세우스는 부하들과 함께 이들을 물리치고 이스마로스를 점령해 버렸지. 이때 아폴론 신전의 사제 마론은 해치지 않고 놔두었어. 마론은 보답으로 맛 좋은 포도주를 오디세우스에게 주었어.

키코네스족이 내륙에 사는 동족을 데려와 다시 습격하자 오디세우스는 도망쳐서 로토스를 먹는 자들의 나라를 거쳐 눈이 하나뿐인 폴리페모스라는 거인이 사는 곳에 도착해. 오디세우스는 열두 명의 부하와 포도주를 메고 폴리페모스의 동굴로 들어갔어. 이곳에서 음식을 먹고 있는데 폴리페모스가 양 떼를 몰고 와서 오디세우스의 부하 몇 명을 잡아먹어 버렸지. 오디세우스는 그를 달래기 위해 마론의 포도주를 마시라고 권했어. 포도주를 마신 외눈박이 거인은 기분이 좋아져서 오디세우스에게 특권을 주겠다면서 이렇게 말했어.

"너는 맨 마지막에 잡아먹겠어!"

참 대단한 특권이지? 그러고는 오디세우스의 이름을 물어봤어. 오디세우스는 이렇게 답하지.

"난 '우티스Outis'라고 하오."

"오케이, 우티스! 포도주나 더 내놓으시지."

오디세우스는 거인이 술을 마시고 잠든 사이에 부하들과 힘을 합쳐 큰 나무 기둥을 날카롭게 깎아서 거인의 눈을 찔렀어. 거인이 앞을 볼 수 없게 된 틈에 양의 배에 매달려 동굴을 빠져나온 오디세우스는 배를 타고 도망쳤지. 동굴에서 뛰쳐나온 거인 폴리페모스가 주위의 다른 거인들에게 도와 달라고 했어. 거인들은 "누가 널 그렇게 했어?"라고 물었는데 폴리페모스의 답을 듣고는 그냥 돌아가 버렸어. 왜 그랬을까?

1. 폴리페모스가 취한 채 혀 꼬부라진 소리를 내서
2. 폴리페모스처럼 자기들도 눈을 잃을까 봐
3. 폴리페모스가 "우티스가 그랬어!"라고 해서

정답은 3번. 그리스어 '우티스'는 영어로 Nobody, 즉 '아무도 아닌 사람'이라는 뜻이야. 그러니까 이런 상황인 거지.

거인들: 누가 네 눈을 찔렀냐?
폴리페모스: 아무도 아니야.
거인들: 뭐라는 거야?

거인들이 돌아가고 폴리페모스는 화가 나서 오디세우스가 탄 배 쪽을 향해 바위를 던졌어. 하지만 눈이 보이지 않으니 제대로 맞힐 수 없었지. 오디세우스는 웃으면서 "난 오디세우스야, 이 바보야!"라고 외쳤어. 폴리페모스는 드디어 올 것이 왔다는 것을 깨닫지. 왜냐하면 예언가 텔레모스가 그에게 "오디세우스라는 자가 언젠가 너의 눈을 멀게 할 것이다."라고 말했는데 폴리페모스가 비웃었거든. 폴리페모스는 울면서 아버지인 포세이돈에게 이렇게 빌었어.

"오디세우스가 고향으로 돌아가지 못하도록 해 주세요. 만약 그가 돌아갈 운명이라면 힘들게 고통받다 돌아가게 해 주세요."

포세이돈이 이 기도를 들어 주어서 오디세우스의 고난이 시작된 것이지.

 ## 고통 없이 편하게 살다 간 영웅은 없다!

여기서 잠깐, 오디세우스는 괴롭기만 했을까? 폴리페모스의 저주를 받아 고통스러운 귀향을 시작하게 된 오디세우스는 10년 동안 모험을 했어. 워낙 지혜로웠던 오디세우스는 이 모험을 통해 더 지혜로운 사람이 되었지. 많은 경험을 하게 되고 용감하게 고난을 헤쳐 나가서 살아 있는 동안 이미 전설적인 영웅 대접을 받았어. 가인歌人들은 오디세우스를 소재로 노래를 했고, 사람들은 오디세우스를 만나고 싶어 했지.

『일리아스』의 아킬레우스는 일찍 죽을 것을 알면서도 전쟁에 나갔어. 헥토르 역시 아킬레우스를 두려워하면서도 그와 맞대결을 했고. 헤라클레스는 헤라 여신의 미움을 사서 열두 개의 과업을 완수해야 했어. (헤라클레스는 제우스와 알크메네 사이에서 태어나 헤라의 미움을 받게 됐지.) 헤라클레스는 매번 죽음을 무릅쓰고 자신에게 주어진 과업을 완수했어. 젊은 시절 헤라클레스에게 두 명의 여인이 찾아왔는데, 한 여인의 이름은 '쾌락'이고 다른 여인의 이름은 '미덕'이었어. 둘은 그에게 이렇게 말했어.

"쾌락을 선택하면 당신은 평생 게으른 향락 속에서 살 수 있지만 미덕을 선택하면 험난한 고통을 겪어야 한다."

헤라클레스는 미덕을 택하지. 어쩌면 그 때문에 사서 고생한 건지도 몰라. 또 테세우스는 목숨을 걸고 미노타우로스(얼굴은 소, 몸은 사람인 괴물)와 싸워서 희생 제물이 될 뻔한 아테네의 젊은이들을 구했어.

이들 그리스 신화의 영웅들은 '고난 없이는 명예도 없다.'라는 것을 우리에게 이야기해 주고 있어. 아무 고통도 없이 편하게 살다 간 영웅은 없어.

 ## 오디세우스는 어디 어디를 돌아다녔을까?

오디세우스가 트로이 전쟁 후 귀환하던 중에 키클롭스족의 땅까지 갔다고 했지? 그곳을 떠난 다음의 여정을 정리해 볼게.

1. 바람의 지배자 아이올로스가 다스리는 아이올리아섬에 도착한

다. 아이올로스의 선의로 바람 주머니를 얻게 된다.

2. 무사히 오디세우스의 고향인 이타케로 향한다. 이타케에 도착하기 직전, 부하들이 '오디세우스 혼자 황금을 넣은 것이 아닐까?' 하고 의심하여 바람 주머니를 열어 본다. 이 때문에 바람에 휩쓸려 다시 길을 잃는다.

3. 거인 괴물 라이스트리곤족의 나라에 도착한다. 이들은 식인족이었다. 그 사실을 알고 도망치던 오디세우스의 부하 상당수가 식인 거인들에게 잡아먹힌다.

4. 아이아이에섬에 도착한다. 이곳에서 요정 키르케에 의해 부하들이 돼지로 변신하는 소동을 겪지만 오디세우스는 헤르메스의 도움으로 키르케를 제압한다. 키르케의 제안으로 부하들과 오디세우스는 이곳에서 1년 정도 평화롭게 지낸다. 오디세우스는 키르케와 동침하여 텔레고노스를 낳는다.

5. 키르케의 조언에 따라 저승에 내려가 예언가 테이레시아스에게 자신의 운명을 물어본다.

6. 아이아이에섬을 떠나 세이렌 자매의 섬을 통과한다. 오디세우스는 이때 세이렌의 노래를 듣고 거의 미칠 지경에 이른다.

7. 괴물 스킬라와 떠도는 암초를 통과한다.

8. 바닷물을 빨아들였다가 토해 내는 카립디스를 피해 간다.

9. 트리나키아섬에 도착한다. 이곳은 태양신 헬리오스의 땅으로 식량이 떨어지자 부하들이 헬리오스의 소를 잡아먹는다. 헬리

오스의 노여움으로 오디세우스의 배에 벼락이 떨어져 부하들
은 전원 사망하고 오디세우스만 살아남아 표류한다.

10. 요정 칼립소의 섬에 도착하여 7년을 같이 지낸다.

11. 오디세우스를 좋아하는 아테나 여신의 제안으로 신들이 회의
    를 열어 "오디세우스의 고난을 그치게 하자."라고 합의한다.
    이 사실을 칼립소에게 통보하고, 칼립소는 오디세우스를 보내
    준다.

12. 파이아케스인들의 나라에 도착해 이들의 도움으로 이타케로
    귀환한다.

우리가 쓰는 말들, 알고 보면 신화에서 왔다고?

『오디세이아』를 보면 오디세우스가 전쟁에 나가면서 자신의 아들 텔레마코스를 친구 멘토르Mentor에게 맡겨. 멘토르는 텔레마코스를 가르치면서 조언을 해 주지. 여기서 지금 쓰는 '멘토'라는 말이 나왔어. "그분은 나의 멘토야."라고 할 때, 인생의 귀감이 되는 선생님이란 뜻이야.

신화에서 비롯된 이름은 이것 말고도 아주 많아. 오래가는 배터리 이름 아틀라스는 거인 아틀라스에서, 아침에 먹는 시리얼은 대지의 여신 케레스(그리스 이름은 데메테르)에서, 음료 암바사는 신들이 먹는 음료 암브로시아에서 따왔어. 미의 여신 비너스는 여성 속옷 브랜드이고, 가정의 신 헤라는 여성 화장품 브랜드야. 술의 신 바쿠스는 피로를 푸는 음료 박카스로 변신했고, 과일 음료 이름 넥타 역시 신이 마시는 음료 넥타르에서 비롯됐어.

괴물의 이름도 현대에 여전히 쓰여. 일본 텔레비전 드라마에서 각종 동물의 모양이 합성되어 등장하는 캐릭터 이름이 키마이라야. 머리카락이 수백 마리 뱀으로 이루어진 괴물 메두사는 각종 컴퓨터 게임과 만화의 캐릭터로 등장해. 한국과 미국의 공군에서 사용하는 수송기 이름은 허큘리스(헤라클레스)야. 19톤의 장비와 최대 92명의 병력을 싣고 시속 600킬로미터로 최대 7,800킬로미터를 날아갈 수 있어. 엄청난 무게를 감당하는 힘 좋은 수송기라 헤라클레스를 연상시키지.

100개의 눈을 가진 거인 아르고스는 지구를 관측하는 인공위성 이름이기도 해. 1972년, 미국 마그나복스사에서 탁구, 배구, 스키 등을 하며 유령의 집을 드나드는 최초의 가정용 게임 기구를 만들었어. 그 이름은 오디세이(오디세이아의 영어 이름)였어. 미국 항공우주국에서 2001년 쏘아

올린 화성 탐사선의 이름 역시 오디세이야. 6개월 만에 화성 궤도에 도착한 오디세이는 화성 주위를 돌면서 기후와 지질에 대해 조사했지.

'피그말리온 효과'라는 말도 있어. 키프로스섬의 조각가 피그말리온은 자신이 만든 조각상과 사랑에 빠졌어. 매일매일 "이렇게 생긴 여인과 사랑하게 해 주세요." 하고 기도하던 피그말리온은 어느 날 조각이 여인으로 변신해 있는 것을 깨닫고 아내로 삼았지. 피그말리온 효과란 스스로에게 최면을 걸어 꿈을 현실로 이루어 내는 것을 뜻해. 뭐? 오늘부터 거울을 보면서 "아이돌이 되게 해 주세요." 하고 빌겠다고?

 ## 페넬로페에게 구혼자들이 많았던 이유는 뭘까?

오디세우스가 집을 떠나 있는 동안 100여 명에 이르는 사람들이 몰려들어 페넬로페에게 구혼을 했어. 말이 구혼이지, "빨리 우리들 중 한 사람과 결혼하시오. 안 그러면 재미없을걸!" 이러면서 협박을 한 거야. 왜 이렇게 많은 사람들이 구혼했던 걸까?

1. 페넬로페가 너무 아름다워서
2. 오디세우스의 재산이 탐나서
3. 달리 할 일이 없어서

정답은 2번. 오디세우스는 이타케 섬을 다스리는 왕이었어. 그가 오랫동안 집을 비우자 그의 재산을 탐낸 귀족들이 페넬로페에게 와서 결혼해 줄 것을 요구했어. 그녀와 결혼하면 오디세우스의 재산이 자동적으로 자기 것이 되기 때문이지.

그럼 오디세우스의 재산은 도대체 얼마나 많았을까? 오디세우스는 나중에 이타케로 돌아왔을 때, 아테나 여신의 도움으로 늙은 걸인으로 변신해. 그 모습으로 충실한 하인 에우마이오스를 찾아가지. 에우마이오스는 주인을 알아보지 못하고 신세 한탄을 하며 구혼자들을 욕했지. 이때 그는 오디세우스의 재산이 얼마나 많은지 이야기했어. 어느 정도인지 볼까?

1. 소 20여 무리
2. 양 20여 무리
3. 돼지 20여 무리
4. 염소 30여 무리

한 무리의 가축이 몇 마리인지는 나와 있지 않아. 약 100마리라고 추정한다면 오디세우스의 재산은 소 2천 마리, 양 2천 마리, 돼지 2천 마리, 염소 3천 마리야. 에우마이오스는 이렇게 말하지.

"섬 안에서도 섬 밖에서도 그만큼 부자는 없을 거요. 이 땅에 사는 남자 스무 명이 가진 것보다도 많소."

그는 매일 살찐 염소 한 마리와 돼지 한 마리를 구혼자들을 위한 요리로 내놓아야 한다고 탄식했어.

 ## 구혼자들은 어떻게 공짜로 밥을 먹었을까?

고대 그리스 사회에서는 생판 모르는 나그네에게도 식사를 제공했어. 그들은 "신은 나그네의 모습으로, 때로는 걸인의 모습으로 우리를 찾아온다."라고 믿었거든. 그러니 페넬로페에게 구혼하는 사람들에게도 식사를 대접하지 않았겠어? 에우마이오스는 걸인 모습을 한 오디세우스에게 먹을 것을 주면서 이렇게 말했어.

"나그네여! 그대보다 못한 사람이 온다 해도 나그네를 업신여기는 것은 도리가 아니지요. 모든 나그네와 걸인은 제우스에게서 온다는 말이 있지 않습니까? 우리 같은 사람들의 보시는 적지만 소중한 것이오."●

이런 게 정말 위대한 휴머니즘이지. 『일리아스』와 『오디세이아』에는 고대 그리스 사람들의 인간애가 곳곳에 표현되어 있어. 텔레마코스가 아버지 소식을 알기 위해 오디세우스의 옛 전우들을 찾아갔을 때, 그들은 처음부터 "너, 누구니?"라고 묻지 않아.

● 호메로스, 천병희 옮김, 『오뒷세이아』, 도서출판 숲, 2006, 305쪽

먹고 마시는 욕망이 충족되었을 때 네스토르가 먼저 말문을 열었다.

"즐겁게 음식을 드셨으니 이제는 그대들이 누군지 따지고 묻기에 적당한 시간이 된 듯하오."

텔레마코스가 이들을 방문하는 모습에는 공통으로 등장하는 절차가 있어.

1. 주인은 자기 집을 방문한 손님에게 일단 목욕을 하게 한다. (그 때는 미세먼지 대신 모래바람이 있었어.)
2. 하인을 시켜 온몸에 올리브 오일을 발라 준다. (바디 오일의 역사, 무려 3천 년이나 되네!)
3. 새 옷을 주어 입게 한다. (옷도 공짜로 준다고?)
4. 고기와 포도주를 실컷 먹게 한다. (이때도 돈을 받지 않았어. 타임머신 타고 고대 그리스로 가면 이 집 저 집 돌아만 다녀도 먹고살 수 있겠어.)
5. 먹고 마시는 것이 만족스러운 뒤에야 '어디서 온 누구인지' 묻는다. (이때 "내가 바로 너희 아버지의 원수다!"라고 말한다면? 이때부터 막장 드라마의 BGM이 깔리겠지.)

고대 그리스 인들의 좌우명은 뭘까? 배고플 때 신상 털지 말자! 그럼 『오디세이아』에는 어떻게 묘사되고 있는지 텔레마코스와 그

의 친구 페이시스트라토스가 메넬라오스의 궁을 방문했을 때로 가
보자.

텔레마코스와 페이시스트라토스는 으리으리한 궁전 안으로 안내되었
다. 궁을 쳐다보느라 눈이 즐거워진 그들은 윤기 나는 욕조에 들어가 목
욕을 했다. 하녀들은 그들을 목욕시켜 주고 올리브유를 발라 주었다. 옷
옷을 입혀 주고 따뜻한 망토까지 어깨에 둘러 주었다. 연회장으로 온 둘
은 메넬라오스 옆 의자에 앉았다. 주객이 손을 씻고 나서 식탁 앞에 앉았
을 때, 가정부가 들어와 빵과 온갖 전채 요리를 내려놓았다.

다른 하인은 온갖 종류의 고기를 썬 접시를 그들 앞에 갖다 놓고 황금

잔에 포도주를 따랐다. 식사가 준비되었을 때 붉은 머리의 메넬라오스는 두 사람에게 따뜻하게 말했다.

"환영합니다. 자, 어서 맛있게 드시오. 그대들이 저녁을 들고 나면 우리는 그대들이 어떤 사람인지 물어볼 것이오."

 ## 고대 그리스에서는 이미 무상 급식을 실시했다

B.C. 5세기 아테네 시민들은 이런 생활을 했어.

1. 아침에 일어나 체육관에 간다. 체육관에는 목욕 시설과 운동 기구가 마련되어 있다. 이곳을 아테네 시민은 누구나 무료로 이용할 수 있다.
2. 점심때 전체 시민이 참여하는 공동 식사를 한다. 아테네 사람들은 세금으로 공동 식사를 마련하여 누구나 무상으로 먹을 수 있게 했다.
3. 오후에는 아고라(광장)에 가서 다른 시민들과 시국을 논하거나 이런저런 이야기를 한다.
4. 나라의 중요한 일은 시민 500명이 참여하는 민회에서 결정한

● 호메로스, 로버트 페이글스 옮김, 『오디세이The Odyssey』, Penguin books, 1996, 125~126쪽

다. 여기서 중요한 재판, 전쟁에 나갈 장수의 선발, 세금의 사용 등을 논의한다. 아테네 시민은 누구나 일생에 한 번은 민회 의원이 될 수 있다. 의원의 임기는 1년이다.

5. 저녁에는 극장에서 상연되는 연극을 본다. 연극은 누구나 무료로 볼 수 있다.

와, 정말 이상적인 모습이군. 무상 급식은 나쁜 게 아니야. 세금을 엉뚱한 데 쓰는 것보다는 학생들을 먹이고 끼니를 거르는 사람들에게 식사를 제공하는 게 훨씬 좋은 거야. 고대 그리스에서는 이미 무상 급식을 실시했다고.

현대에 살아 있는 나눔의 전통

몇 년 전 촬영 때문에 이집트의 시골 마을 벤하를 방문한 적이 있었어. 사막에 접해 있는 오아시스 동네였지. 이곳에는 집집마다 문 앞에 항아리가 놓여 있었고 그 안에는 맑은 물이 담겨 있었어. 동네 아저씨에게 물었어.

"이 물은 왜 놓아두는 건가요?"

"사막을 지나는 나그네를 위한 것입니다. 집에 들어와 물 좀 달라는 수고를 하지 말고 마음껏 마시고 가라는 뜻이죠. 우리는 오래전부터 이렇게 해 왔습니다."

어떤 집 앞에는 정수기가 놓여 있었어. 정수기 물을 마셔 봤는데 시원하고 달았어.

그날 오후 촬영은 아주 고됐지. 사막의 먼지를 뒤집어쓰면서 땀으로 범벅이 된 채 영상을 만들어야 했거든. 일과를 마치고 우물가로 갔을 때 내 모습은 지치고 더러운 것이 걸인과 크게 다르지 않았어. 내가 나타나자 물을 받고 있던 마을 여인들은 약속이라도 한 듯 한쪽으로 비켜섰어. '내외를 하나?'라고 생각했지. 영어를 할 줄 아는 한 중년 남자가 내게 말했어.

"물을 먼저 쓰시라는 겁니다."

"괜찮습니다. 기다렸다 써도 됩니다."

"그러면 우리가 부끄럽지요. 손님이 먼저 하셔야지요."

『오디세이아』에 나오는 손님 접대의 모습은 위대한 휴머니즘이 아닐 수 없어. 그런데 '손님은 신의 또 다른 모습'이라는 믿음은 고대 그리스의 것만은 아니었나 봐. 인류가 오래전부터 품어 왔던 성품이야. 이 아름다운 마음은 시대와 국경을 초월해서 우리 가슴속에 살아 있어.

 ## 호메로스는 수식어 천재

오디세우스는 그냥 오디세우스가 아니야. '꾀가 많은' 오디세우스, '참을성 많은' 오디세우스지. 또 '신과 같은' 모습의 오디세우스, '도시의 파괴자' 오디세우스야. 그가 트로이 목마를 생각해 내서 트로이를 완전히 멸망시켜 버렸잖아. 또 '영원히 고통받는' 오디세우스이며 '제우스처럼 현명한' 오디세우스이기도 해.

호메로스는 『일리아스』, 『오디세이아』에 나오는 인물들이나 집단에 이런 수식어를 붙였어. 심지어 무생물도 세련된 어휘로 표현했지.

1. '멋진 정강이가리개를 댄' 아카이아인

2. '발이 빠른' 아킬레우스 (아킬레우스는 100미터를 11초 정도에 주파했다고 추정돼.)

3. '장밋빛 손가락을 가진' 새벽의 여신이 나타났다. (새벽의 여신 에오스가 나타났다는 말은 날이 밝았다는 의미야.)

4. '구름을 모으는' 제우스 (제우스는 천둥 번개를 내리는 신이므로 구름을 모으고 다녔어.)

5. '아가멤논의 아들이자 명성이 자자한' 오레스테스 (트로이 전쟁이 끝난 후 아가멤논이 돌아왔을 때 그의 사촌 아이기스토스는

아가멤논의 아내를 유혹하고 아가멤논을 살해해. 아가멤논의
아들 오레스테스는 7년 뒤 아이기스토스를 죽여 복수하지.)

6. '나무를 채찍질하는 세찬 바람에서 생겨난' 창 (트로이 전쟁에
   사용한 창은 청동기를 물푸레나무에 꽂아 만들었는데 물푸레나
   무는 바람 많은 물가에서 주로 자라.)

 ## 오디세우스는 굳이 구혼자들을 다 죽여야 했을까?

오디세우스는 이타케로 돌아와서 충신한 하인 에우미이오스와 귀
환한 아들 텔레마코스, 그리고 아테나 여신의 도움으로 구혼자들을
처치할 계획을 세워. 구혼자들이 그저 오디세우스의 재산이나 축내
고 있었다면 오디세우스가 그들을 모두 죽이지는 않았을지도 몰라.
하지만 구혼자들은 아주 많은 죄를 저질렀어. 오디세우스가 그들을
증오할 수밖에 없었지. 어떤 죄를 저질렀을까?

1. 아내인 페넬로페를 괴롭힌 죄 (이들은 싫다는 페넬로페에게 결혼
   을 강요하며 자기들 중 한 사람을 선택하라고 했어. 페넬로페는
   시아버지의 수의를 짜야 한다며 3년 동안 낮에는 베를 짜고 밤에
   는 베를 다시 풀면서 버텼지. 그러다 못된 하녀의 고자질로 들통
   이 나서 더 이상 구혼 요청을 거절하지 못하는 상황이 되었어.)

2. 오디세우스의 하녀와 정을 통하고 하인을 매수한 죄 (구혼자들 편이 된 하인들은 페넬로페와 텔레마코스의 말을 잘 듣지 않았어.)

3. 결정적으로 텔레마코스가 살아 있는 한 페넬로페와 결혼하기 어렵다고 여기고 텔레마코스를 살해하기로 모의한 죄 (이것이 가장 큰 죄였고, 오디세우스의 복수에 정당성을 부여했지.)

 ## 오디세우스는 구혼자 유족들과 어떻게 화해했을까?

오디세우스는 용서할 수 없는 구혼자들을 모두 죽이고 페넬로페와 상봉했어. 20년 동안 정조를 지킨 페넬로페는 꿈에 그리던 남편을 만나 행복을 되찾았지. 해피 엔딩이야. 그런데 마지막 의문은 이거야. 오디세우스가 구혼자들을 모두 죽였잖아. 그럼 구혼자들의 가족은 가만히 있었을까? 당연히 아니야. 『오디세이아』에는 구혼자 유족들이 몰려와서 오디세우스를 죽이려 드는 장면이 나와. 오디세우스 쪽은 이들을 상대하기에 수가 너무 적었어. 오디세우스는 과연 이 난관을 어떻게 극복했을까?

1. 오디세우스가 유족들에게 재산을 나누어 주자 유족들이 돌아간다.

2. 오디세우스가 괴력을 발휘해 유족들을 물리친다.

3. 아테나 여신이 개입해서 싸움을 말린다.

정답은 3번. 아리스토텔레스는 그의 책 『시학』에서 이야기가 갈등으로 치달을 때 신이 개입해서 결말을 내는 것을 '데우스 엑스 마키나Deus ex Machina(신의 기계적 출현)'라고 했어. 『오디세이아』는 오디세우스와 구혼자 유족들이 서로 "더 이상 싸우지 말고 지내자." 하고 약속하면서 끝이 나.

『오디세이아』는 한 영웅의 위대한 여정을 그린 서사시야. 트로이를 파괴하고 수많은 고초를 겪은 끝에 고향에 돌아온 한 사나이. 모험을 겪고, 표류하고, 괴물과 싸우고……. 여신의 사랑을 받아 안락하게 살 수 있었지만 사랑하는 아내와 아들이 있는 고국으로 돌아와야 했던 남자. 아마도 『오디세이아』는 3천 년 전 그리스인들이 꿈꾸었던 어드벤처 로드 무비였는지도 몰라.

5

『소크라테스 이전 철학자들의 단편 선집』

소크라테스보다 먼저 주옥같은 말을 남긴 사람들

소크라테스가 처음은 아니야

우리는 흔히 서양 철학이 소크라테스부터 시작한다고 알고 있어. 하지만 소크라테스 이전에도 철학자들이 있었어. 1903년, 독일의 학자인 헤르만 딜스와 발터 크란츠는 고대 그리스의 초창기 철학자들이 남긴 말을 모아서 『소크라테스 이전 철학자들의 단편들Die fragmente der vorsokratiker』이란 책을 남겼어. 이 책은 문헌학의 고전으로 평가받고 있지. 서양 고전을 공부하는 사람들은 반드시 읽어야 하는 책이야. 이 책과 다른 서적들을 참고해서 우리말로 번역해 놓은 것이 『소크라테스 이전 철학자들의 단편 선집』(김인곤 외 옮김, 아카넷, 이하 『단편선』으로 표기)이야.

영어권에서는 『소크라테스 이전 철학자들의 단편들』에 대해 다양한 버전으로 소개하고 있어. 우리는 한글 번역본인 『단편선』을 중심으로 영어로 쓰인 『소크라테스 이전 철학Philosophy Before Socrates』을 참고해서 살펴볼 거야. 이 책에는 소크라테스 이전 철학자들의 경구와 명언이 소개되어 있어. 하늘 아래 새것이 없듯이, 소크라테스 역시 어디서 뚝 떨어진 사람이 아니라 그 이전 철학자들의 생각과 지식을 바탕으로 자신의 사상을 키웠어. 그러니 소크라테스 이전에 활약했던 철학자들이 무슨 말을 남겼는지 알아보는 것은 의미 있는 일이야.

일곱 명의 현명한 사람들

B.C. 620년에서 B.C. 550년 사이에 그리스에는 일곱 명의 현명한 이들이 살았어. 플라톤은 그의 책 『프로타고라스』에서 이 7현인을 이렇게 꼽았어.

1. 밀레토스의 탈레스
2. 미틸레네의 피타코스
3. 프리에네의 비아스
4. 아테네의 솔론
5. 린도스의 클레오불로스
6. 케나이의 뮤손
7. 스파르타의 킬론

전설에 따르면, 그리스에서 대대로 전해져 내려오는 황금 세발솥이 있었어. 이 솥이 가장 지혜로운 자에게 주어지면 전쟁이 그친다

는 아폴론 신전의 신탁이 있었지. 사람들은 이 솥을 탈레스에게 갖다 주었어. 탈레스는 "나보다 더 지혜로운 자가 있소." 하며 피타코스에게 줬지. 피타코스는 다시 비아스에게, 비아스는 솔론에게…… 이렇게 해서 스파르타의 킬론이 솥을 가졌는데, 킬론은 그 솥을 다시 탈레스에게 가져왔다는 거야. 탈레스는 하는 수 없이 황금 솥을 아폴론 신전에 바쳤다고 해. 여기서 알 수 있는 건 뭘까?

그리스 사람들의 좌우명 "잘난 척하지 마라."

 7현인이 남긴 말

"동정을 받기보다는 부러움을 사라."
　　— **밀레토스 사람 탈레스**

"장차 하려는 일을 말하지 말라. 일이 안 되면 비웃음을 받을 테니까."
　　— **미틸레네 사람 피타코스**

"그럴 만한 가치가 없는 사람을 부유하다고 해서 칭찬하지 말라."
　　— **프리에네 사람 비아스**

"성급하게 친구로 삼지 말라. 일단 친구로 삼은 자라면 성급하게 물리치지 말라."

　—**아테네 사람 솔론**

"남을 비웃는 자들에게 맞장구치지 말라. 비웃음을 받은 사람에게서 미움을 불러일으키고 말 테니까."

　—**린도스 사람 클레오불로스**

"연습이 모든 것이다."

　—**케나이 사람 뮤손**

"친구에게 좋은 일이 있을 때는 천천히 찾아가고 친구가 불행에 빠졌을 때는 빨리 찾아가라."

　—**스파르타 사람 킬론**

탈레스, 최초의 자연과학자

탈레스(B.C. 624년~B.C. 545년)는 지금의 터키 지방인 이오니아의 밀레토스에서 태어났어. 자연에 대한 탐구를 그리스 사람에게 알려 준 최초의 철학자이지. 탈레스는 최초의 천문학자로 여겨지기도 해. 탈레스는 B.C. 585년 5월 28일에 일식이 있을 거라고 예언했는데, 정확히 들어맞았어.

하루는 탈레스가 하늘의 별을 쳐다보며 걷다가 우물에 빠졌어. 그러자 그의 하녀가 "하늘에 있는 것들은 잘 알지만, 발밑에 있는 것은 잘 모르시는 주인님!" 하고 놀렸지. 탈레스는 "허허!" 웃고 말았어.

그는 공부를 하느라 가난하게 살았는데 사람들은 철학이 밥 먹여 주냐면서 그를 비웃었어. 탈레스는 이 비웃음만은 참을 수 없어서 사람들에게 철학자도 부자가 될 수 있다는 것을 증명하려고 했어. 어떻게 했을까?

1. 점집을 차려서 미래의 일을 예언했다.
2. 농산물의 풍작을 미리 알고 대처했다.
3. 학원을 열어서 수강료를 비싸게 받았다.

정답은 2번. 아리스토텔레스의 『정치학』을 보면 탈레스가 부자가 된 사연이 나와. 탈레스는 천문학을 연구하면서 기상의 변화와 그 변화에 따른 농작물의 생산량에도 관심을 가졌어. 그가 어느 해에 보니 여름에 올리브가 풍작이 될 조짐이 보였어. 탈레스는 돈을 모아서 밀레토스에 있던 모든 올리브기름 짜는 기계를 빌렸지. 그때가 겨울이어서 아무도 올리브기름 짜는 기계에 관심을 갖지 않았기 때문에 탈레스는 싼값에 기계를 빌릴 수 있었어. 여름이 되어 올리브가 풍작이 되자, 사람들은 올리브기름 짜는 기계가 많이 필요하게 됐어. 사람들이 탈레스에게 몰려들자, 그는 비싼 값을 받고 기계를 빌려 주었지. 그러면서 말했어.

"철학자들은 언제든 부자가 될 수 있지만, 부자가 되는 건 철학자들의 관심사가 아니오."

음, 예나 지금이나 싸게 사서 비싸게 팔아야 부자가 된다는 건가? 어쨌거나 철학자가 할 만한 일은 아닌 것 같네. 탈레스는 이런 말들을 남겼어.

"함께 있는 친구와 함께하지 못한 친구를 모두 기억하라."
"얼굴을 가꿀 생각을 하지 말고 너의 행위를 가꾸어라."
"동정 받는 사람이 되지 말고 남들이 부러워하는 사람이 되어라."
"모든 인간은 악하다."

 ## 물질의 근원을 찾으려 한 철학자들

고대 그리스 철학자들은 우주가 무엇으로 이루어져 있는지 궁금해했어. 그래서 자기 나름대로 물질의 근원이 무엇인지 고찰하고 "세상은 '이것'으로부터 비롯되었다." 하고 주장했지.

이렇게 철학자들이 "세상은 물로 이루어져 있다.", "아니다. 불로 이루어져 있다.", "무슨 소리! 공기다."라고 주장하니까 보다 못한 엠페도클레스가 이렇게 말했어.

● 리처드 D. 맥키라한, 『소크라테스 이전 철학Philosophy Before Socrates』, Hackett Publishing Company, 2010, 22쪽

"세상은 물, 불, 흙, 공기라는 네 가지 원소로 이루어져 있다. 끝!"

■ 우주에 대한 철학자들의 생각

철학자	우주의 근원
탈레스	물
아낙시만드로스	무한정한 것
아낙시메네스	공기
피타고라스	숫자
헤라클레이토스	불
데모크리토스	원자

빅뱅 이론의 선구자 아낙시만드로스

탈레스의 제자인 아낙시만드로스(B.C. 610년~B.C. 546년)는 최초로 지도를 만든 사람이야. 자연과학에도 관심이 많았지. 플루타르코스는 그의 책 『향연』*에서 이렇게 말했어.

아낙시만드로스는 (……) 처음에 사람들은 마치 상어들처럼 물고기들 안에서 태어나 길러졌고, 충분히 자활할 수 있게 되자 그때 밖으로 나와 땅으로 갔다고 주장한다.**

현대의 과학은 고생물학의 연구를 통해 5억 3천만 년 전 원시 수상

---

* 플라톤의 『향연』이 유명하지만, 플루타르코스도 같은 제목으로 책을 썼다.
** 김인곤 외 옮김, 『소크라테스 이전 철학자들의 단편 선집』, 아카넷, 2005, 148쪽

동물이 처음 척추 비슷한 것으로 헤엄치고 있었다는 사실을 밝혀냈어. 이후 동물의 진화는 어류 → 양서류 → 파충류 → 포유류로 이어졌지. 그렇다면 아낙시만드로스의 주장은 현대 진화론이 밝혀낸 사실과 비슷한 셈이야. 플루타르코스는 또 『학설집』에서 이렇게 말했어.

> 그(아낙시만드로스)에 따르면, 이 세계의 생성 과정에서 뜨거운 것과 차가운 것의 산출자가 영원한 것으로부터 분리되며, 이것에서 나온 구형의 불꽃 같은 것이 마치 껍질이 나무를 감싸고 자라나듯 땅 주위의 공기를 감싸고 자란다.

이 이론은 마치 현대 천체물리학의 빅뱅 이론을 연상시키지. 빅뱅 이론은 138억 년 전 우주가 대폭발에 의해 순식간에 생겼다는 거잖아. 빅뱅 이론에 따르면 우주는 처음에는 상상할 수 없이 작고 뜨거우며 높은 밀도의 어떤 것이었는데 거품 같은 에너지가 폭발하면서 생겨났고, 지금도 팽창하고 있다는 거야. 또 우주는 엄청난 고온으로 탄생했지만 태초의 시기에는 열이 식으면서 섭씨 영하 273도까지 떨어지기도 했다는 게 증명되었지. 말하자면 아낙시만드로스의 말대로 뜨거운 것과 차가운 것이 분리된 거야. 혹시 아낙시만드로스는 예언자였을까?

● 앞의 책, 141~142쪽

공기 신봉자 아낙시메네스

아낙시메네스(B.C. 585년~B.C. 525년)는 아낙시만드로스의 제자였어. 탈레스부터 아낙시메네스까지 모두 밀레토스 출신이라 이들을 밀레토스학파라고 해. 아낙시메네스는 공기 신봉자였어.

그는 공기의 뭉침 또는 흩어짐에 의한 자연의 변화를 설명했는데, 공기가 뭉쳐지면 온도가 내려가서 바람, 구름, 흙, 돌과 같은 것이 되고, 엷어지면 온도가 올라가서 불이 된다는 것이다.*

키케로는 "아낙시메네스는 공기가 신이며 측량할 수 없는 무한한 존재이고 언제나 운동 중에 있다고 주장했다."라고 말했어. 아우구스티누스는 한술 더 떠서 "아낙시메네스는 신에 의해서 공기가 만들어진 것이 아니라 공기로부터 신이 생겨났다고 믿었다."라고 했지.

최초의 수학자 피타고라스

"가장 올바른 것은 무엇인가? 신께 제물을 바치는 것이다. 가장 이지적인 것은 무엇인가? 수다. 두 번째로 이지적인 것은 사물들에 이름을 붙이는 것이다. 가장 아름다운 것은 무엇인가? 조화다. 가장 강한 것은 무엇인가? 앎이다. 가장 좋은 것은 무엇인가? 행복이다."**

● 강성률, 『서양철학사 산책』, 평단, 2009, 14쪽
●● 김인곤 외 옮김, 『소크라테스 이전 철학자들의 단편 선집』, 아카넷, 2005, 184~185쪽

피타고라스(B.C. 580년~B.C. 500년)가 남긴 말이야. 피타고라스는 "직각 삼각형에서 직각을 낀 두 변의 길이를 각각 a, b라 하고 빗변의 길이를 c라 하면, $a^2 + b^2 = c^2$이 성립한다."라는 '피타고라스의 정리'로 유명해. 최초의 수학자이자 철학자이지.

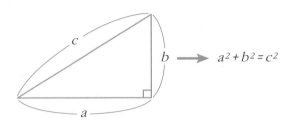

피타고라스는 수학자라서 명제처럼 말을 남겼어. 그가 한 말 중 가장 충격적인 것은 이거야.

"가장 참된 것은 무엇이라고 이야기되는가? 인간들이 사악하다는 것이다."[*]

피타고라스는 성악설을 믿었나 봐.

● 앞의 책, 185쪽

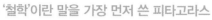

피타고라스는 최초로 철학philosophia이란 말을 썼어. 그는 제자 300여 명과 함께 공동체를 만들어 생활했는데 여러 가지 규칙을 만들었어. 첫째, 재산을 함께 사용할 것. 둘째, 하루에 세 마디 이상 말하지 말 것. 셋째, 육식을 금할 것.

피타고라스는 인간의 혼이 죽지 않고 다른 동물에게 옮겨 간다고 믿었어. 육식을 하면 타인의 혼을 먹는 셈이 된다는 거야. 그래서 제자들과 채식주의를 실천했지. 하루는 누군가가 개를 심하게 때리자 피타고라스는 이렇게 외쳤어.

"매질을 멈추시오. 그 개는 내 친구의 혼을 갖고 있소. 개가 짖는 소리를 들었을 때 나는 그 혼을 알아보았소!"

피타고라스는 혹시 애니멀 커뮤니케이터(동물과 소통하는 사람)였을까?

'성격이 곧 운명'이라고 한 헤라클레이토스

"개들은 저들이 모르는 것을 향해 짖는다."

헤라클레이토스(B.C. 540년~B.C. 480년)는 자신이 한 말에 대해 사람들이 잘 알아듣지 못하고 비난만 한다고 생각했어. 이 말은 진리 혹은 철학자의 말을 비난하는 대중에 빗대어 한 것이야. 사람들에게 "당신들은 개야!"라고 할 수 없으니까 이런 메타포를 사용한 거지.

헤라클레이토스가 남긴 말 중에 가장 인상적인 것은 "인간에게는 성품이 수호신이다.Ethos anthropo daimon."라는 말이야. 여기서 수호신을 가리키는 말은 daimon인데 '개인의 운명'이라고 번역할 수도 있어. 그러니까 '성품이 곧 운명'이라는 뜻이지. 성품, 즉 성격이 좋은 사람은 좋은 운명을 누리게 되고 성격이 나쁜 사람은 나쁜 운명을 누린다는 거야. 왜? 성질이 나쁘면 주변 사람들이 싫어하게 되고 어떤 좋은 일이 있어도 끼워 주지 않게 돼. 그러다 보니 늘 운이 나쁘게 사는 거지. 행복하게 사는 비법은 다른 게 없어. 좋은 성격을 가지면 돼. 남들에게 친절하면 그게 최고의 행복을 가져다주는 거지.

헤라클레이토스는 에페소스의 귀족 출신으로 B.C. 504년에서

● 리처드 D. 맥키라한, 『소크라테스 이전 철학Philosophy Before Socrates』, Hackett Publishing Company, 2010, 113쪽

B.C. 501년 사이에 인생의 황금기를 누렸다고 해. 그 황금기가 어땠는지는 자세히 알려져 있지 않고 에페소스에서 꽤 영향력 있는 인물이었던 것으로 추측할 뿐이야. 그는 모든 것이 변한다는 사상을 갖고 있었어. 그래서 "같은 강물에 두 번 들어갈 수 없다."라는 말을 남겼지.

그런데 "성격이 운명이다."라는 말은 자기 자신을 위해 한 것 같아. 헤라클레이토스는 아주 오만방자했거든. 자기만 잘났고 다른 이들은 어리석다고 생각했어. 그러니 사람들이 좋아했겠어? 헤라클레이토스는 따돌림을 당했어. 그는 산속으로 들어가 혼자 살았어. 그러다 종기가 나서 도시에 내려와 의사를 만났지. 의사에게 "종기가 났으니 고쳐 주시오."라고 말하지 않고 "폭우를 끝내고 가뭄을 만들어 낼 수 있소?"라고 물었어. 의사는 '이 양반 또 헛소리를 하는군.' 하고 생각하곤 내쫓았어. 헤라클레이토스는 자기 방식대로 종기를 고치겠다며 외양간으로 가서 쇠똥을 몸에 바르고 병이 낫기를 바랐지. 하지만 이 때문에 오히려 종기가 덧나서 그대로 세상을 떠났어. "성격이 운명이다."라는 자신의 말을 몸소 실천한 셈이 됐지.

 ## 변하는 것은 없다고 믿은 엘레아학파

헤라클레이토스가 "모든 것은 변한다."라고 주장했다면, 파르메니데스(B.C. 515년~B.C. 445년)는 "변하는 것은 없다."라고 주장했어. 파르메니데스는 이탈리아 나폴리 남쪽에 있던 그리스 식민지 엘레아 출신으로, 엘레아 철학 학파의 창설자야. 파르메니데스는 세상이 변하는 것처럼 보이는 것은 우리의 착각일 뿐 오직 불변하는 하나의 존재만 있을 뿐이며 "있는 것은 있고, 없는 것은 없다."라는 아리송한 말을 했어.

또 있는 것은 어떤 것으로부터 생겨나는 것이 아니라면서 이렇게 주장했어.

"만약 있는 것이 그 무언가로부터 생겨난다면, 그 무언가는 없는 것 또는 있는 것이다. 첫째, 그 무언가가 없는 것일 경우, 없는 것은 이미 없으므로 없는 것에서 있는 것이 생겨난다는 것은 말이 되지 않는다. 둘째, 그 무언가가 있는 것일 경우, 있는 것이 있는 것에서 생겨난다는 말은 둘이 같다는 의미이다. 같은 것이 같은 것을 만들어 낸다는 것은 말이 되지 않는다."

이게 도대체 무슨 말이야? 맞는 말이야, 안 맞는 말이야?

파르메니데스는 세상의 변화와 운동을 부정했어. 그의 제자 제논(B.C. 490년~B.C. 430년)은 한술 더 떴지. 제논은 '아킬레우스와 거북이의 경주'를 예로 들면서 "발이 빠른 아킬레우스는 거북이를 따라갈 수 없다."라고 주장했어.

"거북이가 아킬레우스 앞에서 출발한다면, 아킬레우스는 아무리 빨리 달려도 거북이를 앞지를 수 없다. 아킬레우스가 뛰어가는 동안 거북이도 미세한 거리만큼 앞으로 가기 때문이다."

그러면서 제논은 "날아가는 화살은 날아가지 않는다."라든가, "사람은 경기장을 건너갈 수 없다.(걸어도 걷지 않는 것이다.)"라는 식의 주장을 했어. "날아가는 화살은 날아가지 않는다."라는 주장은 이런 거야. 만약 날아가는 화살이 어느 한곳을 날고 있다고 치자. 우리가 그 한곳을 보거나 안다면 화살은 이미 그곳에 없어. 보는 순간 앞으로 나아가 있을 테니까. 또 그 앞을 본다면 화살은 그보다 더 앞쪽에 있기 때문에 화살은 날아가는 게 아니라는 거지. 어때? 이해가 될 듯 말 듯 하지?

제논은 엘레아의 독재자를 암살하려다 실패해서 사형을 당했어. 혹시 제논은 이렇게 말하려 했던 것은 아닐까?

"내가 독재자를 칼로 찌르는 것은 찌르는 것이 아니다."

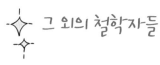
그 외의 철학자들

엠페도클레스, "세상은 사랑과 미움으로 이루어진다."

엠페도클레스(B.C. 490년~B.C. 430년)는 세계가 어떤 유일한 존재나 신에 의해 만들어진 것이 아니라 자연스럽게 생겨나서 진화했다고 믿었어. 또 세상이 사랑과 미움에 의해 이루어진다고 보았어. 사랑하는 에너지가 강하면 물질과 물질이 결합하여 완전한 것을 향해 나아가고, 미워하는 에너지가 강하면 갈라져 사라진다는 거야. 이 세상의 모든 원소, 식물, 동물도 이런 원리에 따라 움직인다는 거지. 이건 친구나 부부 사이도 마찬가지겠지?

아낙사고라스, "정신이 물질을 움직인다."

아낙사고라스(B.C. 500년~B.C. 428년)는 만물 속에 종자(스페르마타 spermata)가 있어서 이들이 모든 것을 만든다고 보았어. 국화 씨나 장미 씨나 비슷하지만 나중에 꽃이 전혀 다르게 피는 것은 그 씨가 서로 다른 성질을 이미 갖고 있기 때문이지. 아낙사고라스는 종자 속에 정신이 있어서 정신이 이들을 변화시킨다고 했고, 이 정신을 '누스'라고 불렀어. 정신이 있어야 물질이 움직인다는 거지.

그는 당시 신적인 존재라고 여겼던 태양을 "지름이 180킬로미터쯤 되는 불타는 바윗덩이일 뿐"이라고 주장했어. 또 달은 "스스로 빛을 내는 게 아니라 태양빛을 받아 빛나는 것일 뿐"이라고 말했지. 현재의 시각으로 보면 매우 과학적이지만 당시 사람들은 아낙사고라스가 태양신 아폴론과 달의 신 아르테미스를 모독한다고 생각했어. 결국 그는 고향인 그리스 클라조메나이에서 쫓겨나 소아시아의 람프사코스라는 곳으로 망명했고, 그곳에서 죽었지. 죽을 때 사람들이 "고향을 떠나 죽으니 슬프지 않소?"라고 묻자 이렇게 대답했대.

"저승까지 가는 거리는 어디에서나 똑같소."

아, 네…….

데모크리토스, "죽으면 '무'로 돌아갈 뿐"

데모크리토스(B.C. 460년~B.C. 370년)는 세상의 모든 것을 쪼개고 쪼개면 '더 이상 나눌 수 없는 것'이 된다고 했어. 이것을 고대 그리스어로 Atom이라 불렀는데 이는 'a + tomos'에서 나온 말이야. 'a'는 '아니다'라는 부정의 의미를 나타내는 접두어이고 'tomos'는 '나누다'라는 의미의 단어지. 이것이 그대로 '원자原子'라는 뜻의 영어 단어가 됐어. 데모크리토스는 인간이 죽으면 인간을 구성하는 원자가 소멸되어 무로 돌아갈 뿐, 영혼이나 윤회 같은 것은 없다고 주장했어. 이런 사상을 '유물론'이라고 불러. 데모크리토스는 죽었지만, 그의 생각은 아직까지 살아 있어서 우리가 공부하고 있으니 그는 무無로 돌아간 걸까, 유有로 남은 걸까?

『소크라테스의 변명』

법정에 선 철학자의 치열하고 냉철한 자기변호

소크라테스가 죽기까지

소크라테스(B.C. 470년~B.C. 399년)는 왜 사형을 당했을까? 표면적인 이유는 멜레토스, 아니토스, 리콘의 고소로 이루어진 재판 때문이야. 세 사람은 평소 소크라테스에게 좋지 않은 감정을 갖고 있었어. 이들의 고소 이유는 여러 가지였는데, 한마디로 '소크라테스는 악인'이라는 거야. 이 고소 때문에 재판이 열렸고 여기서 소크라테스는 사형 선고를 받게 돼.

고대 아테네에서는 재판이 열리면 500명의 시민이 두 차례 투표를 했어. 첫 번째는 유죄인가 무죄인가를 결정하는 투표야. 여기서 무죄로 결정이 나면 피고는 풀려나지만 유죄가 되면 형량을 정하는 두 번째 투표를 하지. 소크라테스는 첫 번째 투표에서 유죄를 선고받았어. 두 번째 투표에서 원고 측은 사형을 요구하고 소크라테스 측은 벌금형을 원했지. 이 문제를 놓고 다시 투표를 했는데 사형이 결정되었어. 결국 소크라테스는 감옥에 갇히고 얼마 뒤에 독배를 마시고 죽고 말았지.

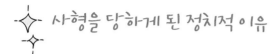

사형을 당하게 된 정치적 이유

『소크라테스의 변명』에는 B.C. 399년에 있었던 이 재판에서 소크라테스가 자신을 변호한 내용이 담겨 있어. 소크라테스는 민주 정치제도 아래에서 정당한 재판 절차를 거쳐 사형을 언도받았는데, 이 모든 과정을 제자 플라톤이 지켜보고 책으로 남겼지. 28세의 플라톤은 스승의 죽음으로 충격을 받고 민주 정치에 반대하게 돼. 그는 이런 생각을 『국가』라는 책에 반영해서 "현명한 철학자가 나라를 다스려야 한다."라고 주장했지.

『소크라테스의 변명』은 단순한 변호 글이 아니야. 소크라테스의 철학과 삶의 태도가 잘 드러나 있는 서양 철학사의 고전이야. 소크라테스의 재판 과정은 차차 살펴보기로 하고, 우선 그가 사형을 당하게 된 정치적인 배경을 알아보자. 세상 모든 일에는 정치적인 이유가 있는 법이거든.

소크라테스가 살았던 고대 그리스 시대에는 '그리스'라는 나라가 없었어. 1장 『신통기』에서도 고대 그리스의 상황을 이야기했지만, 다시 복습해 보자.

1. 고대 그리스는 시민, 외국인, 노예로 구성된 다양한 폴리스로 이루어져 있었다.

2. 아테네, 테베, 스파르타 같은 폴리스는 하나의 도시이면서 국가

의 역할을 했다.

3. 그리스 시민은 서로 같은 언어를 썼지만 각자의 폴리스는 독립적인 조직체였다.

폴리스는 영어로 city라고 번역되지만 한국어로는 '국가' 또는 '도시 국가'라고 번역되곤 해. 폴리스는 형식은 '도시'이지만 내용은 '국가'인 공동체야. 그 도시에 속한 사람들 중 투표권과 참정권이 있는 사람들을 시민이라고 부르고 이런 권리를 시민권citizenship이라고 하지. 한 나라의 국민이 가지는 헌법에 보장된 정치적 권리를 '국민권'이라 하시 않고 '시민권'이라 부르는 이유는 바로 고대 그리스 폴리스에서 이런 권리가 시작되었기 때문이야.

만약 고대 그리스 사람들에게 "당신은 어느 나라 사람이오?"라고 물어보면, "나는 아테네 사람이오.", "나는 스파르타 사람이오."라는 대답은 들을 수 있지만 "나는 그리스 사람이오."라는 대답은 들을 수 없었을 거야.

고대 그리스의 폴리스들은 서로 돕기도 하고 경쟁하기도 하면서 발전했어. 폴리스끼리 전쟁도 많이 했지. 그중 가장 크게 일어난 전쟁이 펠로폰네소스 전쟁(B.C. 431년~B.C. 404년)이야. 이 전쟁에서 스파르타가 승리해서 친親스파르타파 30인으로 구성된 과두 체제가 아테네를 지배하게 돼. 한마디로 친일파가 조선을 지배하게 된 것과 마찬가지 상황인 거지. 이 친스파르타파 30인의 지도자는 크리티아스였어. 그는 아테네를 공포에 몰아넣으며 잔인한 정치를 펼쳤지. 그런데 이 사람은 소크라테스의 친구였어. 게다가 펠로폰네소스 전쟁 도중에 스파르타로 망명해서 스파르타를 도운 아테네의 귀족 알키비아데스는 소크라테스의 제자였지.

30인 과두 체제는 8개월 만에 막을 내리고 아테네에는 다시 민주주의가 부활했어. 이런 상황에서 아테네 시민들이 소크라테스를 가만히 놔두었을까?

아테네 시민들은 이렇게 생각했지.

1. 스파르타와 치른 전쟁에서 패배하고 나니 스파르타라면 이가 갈린다.
2. 8개월의 과두정 기간에 스파르타와 친스파르타파는 우리에게 많은 고통을 주었다.
3. 친스파르타파인 크리티아스와 알키비아데스는 소크라테스와 친하므로 소크라테스도 나쁜 놈이다.

스파르타가 아테네에서 물러나고 4년 뒤에 열린 소크라테스에 대한 재판에서 소크라테스가 아테네 시민들에게 호감을 얻기란 어려운 일이었지.

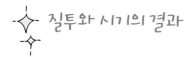

질투와 시기의 결과

그럼 소크라테스가 왜 고소를 당했는지 먼저 알아보자.

처음으로 돌아가서 나에 대한 고발이 무엇인지 살펴보겠습니다. 멜레토스 등이 나를 고발한 이유가 실은 터무니없는 것입니다만, 어쨌든 그들의 고소장을 요약하면 이렇습니다.

"소크라테스는 악인이고 이상한 자다. 하늘 위와 땅 밑의 일을 탐구하고 늘 빈약한 근거를 가지고 과한 주장을 한다. 그리고 이런 것들을 남에게 가르치고 있다."*

소크라테스의 죄목은 크게 두 가지였어. 첫째, 아테네 청년들을 망치고 있다. 둘째, 국가가 정한 신이 아니라 이상한 신을 믿는다. 이외에도 앞에서 이야기한 죄목으로 고소를 당했지. 소크라테스는 자신의 제자들이 얼마나 건전한 사람들인지, 또 자신이 국가가 정한 신인 제우스나 아폴론을 얼마나 독실하게 믿고 있는지를 이야기하면서 자신을 변호했어. 다만 다음과 같은 이유 때문에 자신을 미워하는 사람들이 생긴 것이라고 말하지. 앞서 『신통기』 부분에서도 나온 이야기인데 요약하자면, "아테네에서 소크라테스보다 더 지혜로운 사람

• 플라톤, 벤저민 조웨트 옮김, 『6가지 위대한 대화Six Great Dialogues』, Dover Publication, 2007, 2쪽

은 없다."라는 말을 듣고 소크라테스
는 정치인, 시인, 장인을 찾아가 대화
를 나누었는데, 결국 그들이 자기보
다 더 현명하지 못하다는 사실을 알게
되었어.

자신이 모른다는 걸 알면 지혜로운 거야.

소크라테스

　나는 그가 스스로 지혜롭다고 생각하긴 하지만 실은
아니라는 걸 그에게 보여 주려 시도했습니다. 그래서 그 일로
인해 난 이 사람에게도, 다른 많은 참석자들에게도 미움을 사게 되었습니
다. 하지만 어쨌든 난 떠나오면서 나 자신에 관해 추론을 했습니다.

　"이 사람보다는 내가 더 지혜롭다. 왜냐하면 우리 둘 다 아름답고 훌륭
한 것을 전혀 알지 못하는 것 같은데, 이 사람은 어떤 것을 알지 못하면
서도 안다고 생각하는 반면에 나는 내가 실제로 알지 못하니까 바로 그렇게
알지 못한다고 생각도 하기 때문이다. 어쨌든 나는 적어도 이 사람보다는
바로 이 점에서 조금은 더 지혜로운 것 같다. 내가 알지 못하는 것들을 알
지 못한다고 생각도 한다는 점에서 말이다."

　소크라테스는 정치인, 시인, 장인에게 "당신들은 스스로 똑똑하다
고 생각하는데 실은 멍청하오."라고 말했고, 창피를 당한 이들은 소

● 플라톤, 강철웅 옮김, 『소크라테스의 변명』, 이제이북스, 2014, 60~61쪽

크라테스를 고소했지.

소크라테스는 이들의 고소 내용이 어불성설이라면서 자신은 국가가 정한 규범을 어기기는커녕 아테네를 사랑하고 아테네를 위한 전쟁에도 참여하는 애국자라는 사실을 이야기했어. 그러면서 자신은 아테네를 위해 신이 보낸 존재라고 했지. 아테네는 혈통은 좋지만 덩치는 크고 둔한 말과도 같은데 이 말을 정신 차리게 하려면 따끔한 침을 쏘는 등에가 있어야 한다는 거야. 자신이 등에 역할을 했다는 거지.

신께서는, 어디든지 띠리가서 여러분과 마주 앉아 한 사람 한 사람을 깨우치기 위해 하루 종일 타이르고 나무라도록 나를 이 나라에 등에처럼 붙여 놓은 것 같습니다. 앞으로 나와 같은 사람은 구하려고 해도 쉽게 구하지 못할 것입니다. 그러나 여러분은 자다 깬 사람처럼 화를 내고 아니토스의 말대로 나를 때려죽이려 하고 있습니다. 그랬다가는 여러분은 여생 내내 잠 속에 빠져 지내게 될 것입니다.

신께서 나를 이 나라에 보냈다는 것을 어떻게 확신하느냐고요? 나는 모든 재산을 버리고 여러 해 동안 집안일을 돌보지 않고 방치했지만 여러분과 관계된 일은 계속해 왔습니다. 누구에게든 가서 마치 아버지나 형처럼 정신을 훌륭하게 만드는 데 전념하라고 타이르는 일 말입니다. 그 때문에 나는 가난합니다. 이건 평범한 인간이 할 수 있는 일이 아닙니다.

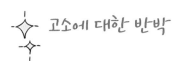

고소에 대한 반박

소크라테스는 고소장에 적힌 내용을 반박하면서 자신은 아테네 청년들을 돈 받고 가르친 적이 없다고 했어. 다만 그들과 대화를 나누며 꼭 필요한 이야기를 해 주었다는 거야. 소크라테스는 아테네 청년들에게 이런 이야기를 했어.

"돈에서 덕이 생기는 것이 아니라 덕에서 돈과 우리에게 좋은 모든 것이 생겨난다."

"돈벌이나 명예, 지위를 얻는 데만 애쓰지 말고 지혜, 진리, 또 영혼을 한 단계 고양시키는 일에 대해서 신경을 써라. 후자가 더 멋진 일이다."

"돌아보며 반성하지 않는 삶은 가치가 없다."

소크라테스는 말했어.

"만약 여러분이 '앞으로 다시는 철학에 대한 일을 하지 않고 젊은이들에게 이야기하지 않는다면 당신을 풀어 주겠다. 그러나 이런 일을 계속하다 다시 잡히면 당신을 죽이겠다.'라고 해도 나는 받아들이지 않을 것입니다."

아테네 시민 여러분, 나는 여러분을 존경하고 사랑하지만 여러분보다는

● 플라톤, 벤저민 조웨트 옮김, 『6가지 위대한 대화Six Great Dialogues』, Dover Publication, 2007, 13쪽

신을 따를 것입니다. 목숨이 다할 때까지 철학을 가르치고 실천하며 살아갈 것입니다.

이때 소크라테스는 자신을 고발한 멜레토스와 대화를 했어. 이런 게 '산파술'이야. 소크라테스는 제자들과 꼬리에 꼬리를 무는 대화를 해서 제자가 잘못 알고 있던 것을 깨닫게 했어. 이 과정에서 지혜를 얻게 되는데, 이게 마치 조산원(소크라테스)이 산모(제자)를 도와서 아이(지혜)를 잘 낳게 하는 것과 같다고 하여 산파술이라고 부르지.

소크라테스: 멜레토스, 말해 보시오. 젊은이들을 훌륭하게 만드는 일은 중요하지요?

멜레토스: 당연합니다.

소크라테스: 누가 젊은이들을 훌륭하게 만듭니까?

멜레토스: 법률이지요.

소크라테스: 아니, 내가 물은 건 그런 뜻이 아니오. 무엇이 젊은이들을 훌륭하게 만드냐고 묻는 게 아니고 어떤 사람들이 젊은이를 훌륭하게 만드냐고 물었습니다.

멜레토스: 여기 있는 재판관들입니다.

소크라테스: 이분들 모두 그런가요? 아니면 어떤 이는 그렇고, 어

● 앞의 책, 12쪽

떤 이는 그렇지 않나요?

멜레토스: 모두 그렇습니다.

소크라테스: 방청객들은 어떻습니까?

멜레토스: 그들도 마찬가지입니다.

소크라테스: 평의회 의원들은 어떤가요?

멜레토스: 의원들도 그렇습니다.

소크라테스: 그럼 나를 빼놓고 아테네 사람 모두가 젊은이들을 훌륭하게 만든다는 겁니까?

멜레토스: 바로 제가 주장하는 게 그겁니다.

소크라테스: 누군가가 늘 함께 있다면 그 함께 있는 사람에게 이익을 얻기를 바랍니까, 해를 당하기를 바랍니까? 함께 있는 사람에게 해를 입기를 바라는 사람이 있소?

멜레토스: 물론 없지요.

소크라테스: 만약 누군가가 젊은이들을 타락시켰다면, 그 타락한 당사자들이 타락시킨 사람을 고소하는 것이 맞지 않겠소?

멜레토스: 당연하죠.

소크라테스: 하지만 지금 나를 고발한 사람은 나와 늘 함께 지내며 이야기를 나눈 젊은이들이 아니오. 내 제자들은 지금 방청석에 앉아 이 재판을 지켜보고 있소.

소크라테스는 이 말을 마치고 자신의 제자들을 일일이 지목하지.

멜레토스는 말문이 막혀 버렸어. 자기가 놓은 그물에 자기가 걸린 꼴이 되었지. 아마 '앗, 또 소크라테스한테 당했다!' 하고 생각했을지도 몰라.

 ## 소크라테스의 애국심

소크라테스는 재판을 시작할 때부터 자신이 승소할 확률이 적다는 사실을 알았어.

나는 많은 사람의 적의를 불러일으켰다는 사실을 잘 알고 있으며, 이 때문에 파멸하게 될 것입니다. 내가 파멸하게 된다면 그것은 멜레토스나 아니토스가 아니라 세상 사람들의 시기와 비방 때문일 것입니다. 세상 사람들의 비방은 이미 많은 선량한 사람을 죽음으로 몰아넣었고, 아마도 더 많은 사람을 죽게 할 것입니다. 내가 마지막 희생자가 될 염려는 없습니다.*

그러면서 소크라테스는 "누군가는 내게 '당신은 지금 죽게 생겼는데 이런 상황으로 몰고 간 게 부끄럽지 않느냐?'고 물을 것"이라면서

---

* 플라톤, 황문수 옮김, 『소크라테스의 변명』, 문예출판사, 1999, 30쪽

사람은 어떤 일을 하며 '죽느냐 사느냐'의 위험만을 생각할 게 아니라 '이 일이 정의로운지 아닌지, 훌륭한지 아닌지'를 고려해야 한다고 덧붙였어. 그러면서 『일리아스』에 나온 아킬레우스를 예로 들었지. 아킬레우스는 트로이 전쟁에 나가기 전에 어머니 테티스 여신에게서 "헥토르를 죽이면 그다음 죽음은 너의 차례가 될 것이다."라는 이야기를 들었다는 거야.(앞의 『일리아스』 내용을 참고할 것.) 소크라테스는 아킬레우스가 "비웃음거리가 되느니 기꺼이 죽음을 택하겠다."라고 말했다면서 수치스러움이나 죽음보다 최선의 삶을 우선시해야 한다고 주장했어. 즉, 부끄럽게 사느니, 죽더라도 훌륭하게 살았다는 명예를 지켜야 한다는 거야.

이어지는 변론에서 소크라테스는 이렇게 자신의 애국심을 드러내.

1. 나는 군인이 되어 숱한 싸움터에 나가 아테네를 위해 싸웠다.
2. 나는 평의회 의원으로서 불법적인 일에 반대했다. (B.C. 406년 레스보스섬 근처에서 아테네와 스파르타 사이에 해전이 있었어. 이때 아테네는 승리를 거두었지만 난파된 배의 생존자를 구하지 못하고 시신도 수습하지 못한 채 그대로 돌아왔어. 폭풍우 때문이었지. 이때 참가한 장군 중 여섯 명이 아테네로 돌아온 뒤에 재판을 받고 단 한 번의 투표로 처형되었어. 테라메네스라는 사람이 장군들에 대한 대중의 시기와 질투심을 자극해서 재판 결과를 일사천리로 이끌어 냈기 때문이야. 소크라테스는 "이런 식

의 진행은 불법이다."라며 혼자 반대했어. 이 재판에 참여한 사람들은 뒤늦게 자신의 행동을 후회했지.)

3. 나는 30인 과두 체제 때 역시 불법적인 일에 반대했으며 그들의 명령이라고 해서 무조건 따르지 않았다.

이런 호소에도 불구하고 소크라테스는 배심원들이 내린 유죄 280표, 무죄 220표라는 결과를 받아들여야 했어.

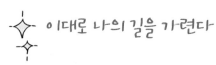

이대로 나의 길을 가련다

유죄 판결 이후에 형량에 대한 투표를 하게 되었을 때 원고 측은 소크라테스의 사형을 원하고, 피고인 소크라테스 측은 벌금을 내면 충분하다고 주장했어. 벌금형은 소크라테스의 의견이 아니라 그의 친구와 제자들의 의견이었지. 그럼 소크라테스가 원한 건 뭐였을까? 그는 "아테네 시민 여러분, 그대들은 나에게 벌을 내릴 게 아니라 시청사에서 식사 대접을 해야 합니다."라고 주장했어. 전쟁에서 승리한 장군이나 올림픽에서 우승한 사람은 시 청사에서 국가의 비용으로 식사를 제공받았거든. 소크라테스 선생은 아직도 상황 판단을 못 하고 죽음을 자초하고 있어!

대체 왜 내가 그때그때 임명되는 권력, 즉 11인 관리(매년 추첨으로 선발되는 법률 집행관)에게 종노릇하면서 감옥에서 살아야 하나요? 그게 아니면 벌금을 제안하되 다 물 때까지 갇혀 있겠다고 할까요? 하지만 나한테 이건 방금 전에 말했던 것과 똑같습니다. 나에게는 벌금을 물 돈이 없거든요. 그게 아니면, 그럼 추방을 제안할까요? (……) 이 나이 먹은 인간이 밖으로 쫓겨나 이 나라에서 저 나라로 계속 추방되어 전전하는 삶을 산다면, 그런 내 삶이 퍽이나 멋있겠네요. 내가 어딜 가든 젊은이들은, 여기서 그러는 것과 꼭 마찬가지로, 내 말에 귀를 기울이리라는 걸 난 잘 알거든요.•

소크라테스는 벌금을 내고 싶어도 낼 돈이 없었어. "1므나 정도는 낼 수도 있다."라고 했지. 그러나 플라톤과 제자들이 일단 30므나 정도는 보증을 서겠다고 하여 그 정도는 내라면 내겠다고 했어. 1므나는 성인 한 사람의 100일치 품삯에 해당하는 돈이었어. 이걸 지금 가치로 환산하면 얼마나 될까? 통계청에 따르면 2018년 기준 우리나라 임금 근로자의 월평균 소득은 297만 원이야. 이것을 월 평균 근로일수 21로 나누면 하루치 평균 소득은 14만 원 정도야. 그렇다면 1므나는 1,400만 원이 되고, 30므나는 4억 2천만 원 정도가 되지. 상당히 큰돈이지?

소크라테스 재판의 또 다른 목격자인 크세노폰에 의하면, 벌금을

• 플라톤, 강철웅 옮김, 『소크라테스의 변명』, 이제이북스, 2014, 102~103쪽

제안하는 것은 결국 유죄를 인정하는 것이므로 소크라테스는 적은 액수의 벌금도 내기를 거부했고 제자들에게도 절대 보증을 서지 말라고 말했다고 해.

어쨌든 이런 이야기를 소크라테스는 매우 시큰둥하게 해. "제발 나이 든 노인을 불쌍히 여겨 달라."라고 했으면 배심원들이 마음이 약해져서 소크라테스에게 벌금형을 주었을지도 몰라. 하지만 소크라테스는 처음부터 끝까지 "너희들이 뭘 알아? 죽일 테면 죽이든가." 하는 태도로 일관했어. 결국 투표에 의해 소크라테스는 사형을 언도받았지.

"차라리 항변하고 죽는 것을 택하겠다!"

소크라테스를 심판하러 나온 배심원들은 이렇게 생각했어.

1. 그동안 재판에 나온 피고인들은 "날 살려 줍쇼." 하면서 통곡도 하고 한탄도 했는데 소크라테스는 우리가 듣고 싶어 하는 달콤한 아부도 하지 않고 저자세도 취하지 않는다.
2. 벌금 30므나는 꽤 큰돈이지만 그걸 받아도 우리에게 돌아오는

● 앞의 책, 104쪽

건 아니다.

3. 소크라테스는 친스파르타파와 어쨌든 연관이 있고, 지금 그의 말투와 태도는 건방지기 짝이 없다.

그래서 500인의 배심원 중 360명이 '사형' 쪽에 표를 던졌지.

아테네인들이여! 머지않은 장래에, 여러분은 우리 도시를 헐뜯고 싶어 하는 이들에게 "지혜로운 사람 소크라테스를 죽였다."라는 오명을 얻게 될 것입니다. 내가 실제로 지혜롭지 않다고 해도 여러분을 비난하려면 그렇게 말해야 할 테니까요. 조금만 기다리면 날 죽이고 싶은 여러분의 소원이 저절로 이루어질 것을. 나는 이미 너무 늙어서 죽을 날만 기다리고 있으니까 말이오.*

소크라테스는 "위험 때문에 자유인답지 않은 삶을 사느니 차라리 항변하고 죽는 것을 택하겠다."라면서 사형을 담담히 받아들였어. 단지 담담히 받아들이는 것만이 아니라 배심원들에게 말로 독화살을 쏘아 댔지.

---

* 플라톤, 벤저민 조웨트 옮김, 『6가지 위대한 대화Six Great Dialogues』, Dover Publication, 2007, 19쪽

배심원들을 향한 소 선생의 거침없는 말, 말, 말

소크라테스는 사형이 확정된 뒤, 자신에게 유죄 판결을 내린 아테네 사람들을 향해 이렇게 말했어.

"나는 예언하는 바이오. 내가 죽은 다음 곧바로, 나를 죽음에 이르게 한 여러분에게 나보다 더 심한 벌이 닥칠 것이라고." (죽는 것보다 더한 벌은 뭘까? 전염병에 걸려 고생고생하다 그 전염병을 가족에게 옮기고 죽는 것 아닐까? 줄여서 '염병'이라는 거지. 지금 소크라테스 선생은 흥분 지수 100을 넘나드는 중이야.)

"내가 죽고 나면 여러분을 비난하는 이들이 더 늘어날 것이오. 지금은 내가 살아 있기에 내 제자들을 자제시키고 있지만 내가 죽고 나면 그들이 여러분을 가만두지 않을 테니까." (와, 소크라테스 선생, 이제 아주 협박까지 하네. 제자들이 들고일어나서 배심원들에게 테

러라도 할 것 같은데? 이거 어디 무서워서 국민 참여 재판 하겠어?)

"명예롭게 사는 가장 쉽고 고상한 방법은 누굴 죽이는 게 아니라 자기 자신을 향상시키는 것이오." ("이 자식들아! 여기서 재판관입네 하고 사형 판결이나 내릴 시간에 집에 가서 책이나 한 자 더 읽어. 그게 훨씬 더 나은 삶이야."라고 소 선생이 부르짖고 있는 거야.)

"이 세상에서 재판관이라고 뻐기는 자들에게서 빨리 벗어나, 이미 고인이 된 미노스, 라다만토스, 아이아코스를 만나고 싶소." (미노스, 라다만토스, 아이아코스는 정의로운 삶을 산 대가로 사후 세계에서 좋은 재판관 노릇을 한다는 사람들이야. 소크라테스의 말은 "너희들이 무슨 재판관이냐? 차라리 빨리 죽어서 저승에 가 진짜 재판관을 만나고 싶다."라는 거지. 한마디로 아테네의 배심원들에게 '빅 엿'을 날리고 있어.)

와, 이 정도면 완전히 막가파인걸?

 ## 죽음에 대한 놀라운 아이디어

아테네 배심원들에게 독설을 늘어놓은 다음 소크라테스는 어떻게 행동했을까?

1. "지금 죽여라!" 하고 외치면서 스스로 머리를 땅에 찧으며 '자해

공갈단' 흉내를 냈다.

2. '죽음이란 무엇인가'에 대한 논리적, 철학적 주장을 펼쳤다.

3. 죽기 전에 실컷 먹어야겠다며 포도주와 등심구이를 달라고 했다.

정답은 2번. 소크라테스는 이 대목에서 죽음에 대한 놀라운 아이디어를 제시했어. 죽음은 다음 둘 중 하나라는 거야.

만약 죽음이 아무 감각이 없는 잠이라면? → a로 가시오.

만약 죽음이 이곳을 떠나 죽은 자들이 모인 하데스(저승)로 가는 것이라면? → b로 가시오.

a. 죽음은 좋은 것이다. 감각 없는 잠이란 꿈도 꾸지 않고 깊은 잠에 빠지는 것과 같다. 이런 날은 일생에 몇 밤 되지 않는다. 불면증에 시달리는 사람이라면 이런 달콤한 잠은 더욱 소중하다. 부와 권력을 거머쥔 페르시아의 대왕도 이런 밤을 다른 것과 바꾸지 않을 것이다.

b. 죽음은 역시 좋은 것이다. 저승에 가서 멋진 노래를 하는 오르페우스, 대시인 호메로스, 트로이 전쟁의 영웅 오디세우스를 만날 수 있다면 얼마나 좋겠는가. 나는 이들을 만나 대화를 하고 즐겁게 지낼 것이다. (나는 개인적으로 이순신 장군과 세종 대왕을 만나고 싶어.)

와, 소크라테스 선생의 말을 듣고 있자니 정말 그럴듯하네.

아버지로서 전하는 마지막 부탁

죽음에 대한 생각을 펼쳐 놓은 뒤에, 소크라테스는 그곳에 모인 친구, 제자, 그리고 자신을 옹호했던 사람들에게 이런 부탁을 했어.

내 아들들이 꽃다운 나이로 자라면, 여러분, 내가 여러분을 괴롭혔던 것과 똑같이 그들을 괴롭히는 것으로 갚아 주세요. 그들이 덕보다 돈이나 다른 뭔가를 우선하여 돌보고 있다고 여러분에게 여겨진다면 말입니다. 또 그들이 아무것도 아니면서 스스로 한 인물 한다고 생각한다면 내가 여러분에게 하듯이 그들을 꾸짖어 주세요. 돌보아야 할 것들은 돌보지 않고, 아무 가치도 없는 사람들이면서 스스로 한 인물 한다고 생각한다고 말입니다. 여러분이 이런 일들을 해 주면, 나 자신도 내 아들들도 여러분에게서 정의로운 일들을 겪는 셈이 될 겁니다.

소크라테스에게는 아들이 셋 있었어. 그중 막내는 아내 크산티페가 안고 다닐 정도로 어린 아이였지. 소크라테스가 죽을 때 만 71세

● 플라톤, 강철웅 옮김, 『소크라테스의 변명』, 이제이북스, 2014, 114쪽

였으니 막내아들을 60대 후반에 낳았을 거야. (오, 소크라테스 선생님, 그 연세에 늦둥이를…….) 소크라테스는 이 아이들을 남은 이들에게 부탁하면서 "내가 여러분에게 그랬던 것처럼 잘 훈육해 달라."고 말했지. 아버지 소크라테스의 마지막 부탁에 마음이 짠해진다. 철학자 소크라테스의 인간적인 모습이 엿보이지. 소크라테스는 이렇게 말하면서 자신의 길고 긴 변호를 끝냈어.

아, 벌써 떠날 시간이 되었군요. 우리 모두 각자의 길로 떠납시다. 나는 죽기 위해, 여러분은 살기 위해. 어느 것이 더 좋은지는 신만이 아시겠지요.

● 플라톤, 벤저민 조웨트 옮김, 『6가지 위대한 대화Six Great Dialogues』, Dover Publication, 2007, 22쪽

『향연』

아름답고 궁상맞은 사랑에 대하여

어느 모임에 관한 이야기

『향연』은 소크라테스와 그의 제자, 친구들이 시인 아가톤의 집에서 가졌던 모임의 이야기야. 책에서 이 모임에 대해 이야기하는 사람은 아폴로도로스야. 그는 '친구들'의 요청으로 이야기를 시작해. 그런데 그 일이 있기 며칠 전에 글라우콘이 아폴로도로스에게 똑같은 요구를 했다는 거야. 아폴로도로스는 이렇게 말하지.

"아가톤의 집에서 있었던 모임은 내가 어린 시절에 일어난 일이었기에 직접 참여하질 않았네. 다만 그 자리에 있었던 아리스토데모스가 내게 해 준 말을 기억하고 있지."

그러면서 아폴로도로스가 한 이야기는 대충 이런 거야.

1. 아가톤의 집에서 십수 년 전에 모임이 있었다.
2. 아리스토데모스는 그 모임에 참여했다.
3. 아리스토데모스는 모임에 대해 아폴로도로스에게 말해 주었다.
4. 아폴로도로스는 그 모임에 대해 글라우콘에게 이야기해 주었다.

5. 며칠 뒤 다른 친구들이 그 모임에 대해 이야기해 달라고 해서 글라우콘에게 한 이야기를 그대로 다시 한번 전달했다.

아아, 그냥 "소크라테스가 아가톤의 집에 갔는데……"로 시작하면 될 이야기를, 플라톤 아저씨는 왜 이렇게 비비 꼬는 걸까?

1. 몸을 비비 꼬는 습관이 있어서 이야기도 꼬았다.
2. 밥 지을 때 뜸 들이는 걸 좋아해서 이야기도 뜸 들이며 했다.
3. 사실에 가깝게 쓰려다 보니 그렇게 됐다.

정답은…… 아마도 3번이겠지? 플라톤은 자신의 사상을 마치 희곡처럼 대화체로 써서 남겼어. 플라톤의 저서들을 통틀어 '대화편'이라고 하는데 책 속의 인물들이 서로 대화를 하기 때문이야. 『향연』역시 그리스 귀족 남자들이 대화하면서 이야기가 시작되지.

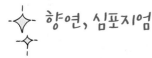 향연, 심포지엄

향연은 '특별히 융숭하게 손님을 대접하는 잔치'를 말해. 원어는 심포지엄symposium이지. 이건 sym(함께)과 posium(마시다)이라는 그리스어로 이루어져 있어. 그러니까 '함께 술을 마시면서 이야기하는 모

임'이란 뜻이야. 학술 대회를 심포지엄이라고 부르기도 하는데 요즘의 심포지엄은 술은 안 마시고 이야기만 하지. 만약 대학생 형이 "우리 내일 심포지엄 있어요."라고 말하면 술 마시는 모임인지, 공부하는 모임인지 잘 따져 봐야 해.

『향연』에는 다음과 같은 사람들이 등장해.

소크라테스: 아테네에서 가장 유명하고 현명한 철학자, 약 53세

알키비아데스: 아테네 최고의 미남 귀족이자 군인, 약 35세

아가톤: 시인 대회 우승자로 잔칫집 주인, 약 30세

파우시니아스: 아가톤의 연인, 30대 중반

파이드로스: 신경 쇠약에 걸린 작가, 30대

에릭시마코스: 의사, 파이드로스의 연인, 약 32세

아리스토파네스: 소크라테스를 비꼬는 시를 쓴 희극 시인, 약 34세,

이 인물들을 잘 보면, 소크라테스와 알키비아데스, 아가톤과 파우사니아스, 파이드로스와 에릭시마코스는 서로 연인 관계야. 모두 남자들이지. 그럼 이 사람들 모두 동성애자?

고대 그리스에서도 있었던 동성애

고대 그리스 사람들은 자유롭고 개방적이었어. 그래서 그리스 사회에는 동성애가 굉장히 널리 퍼져 있었고 부끄러운 게 아니었어.

많은 경우에 나이 든 남자는 어린 소년을 자신의 애제자로 선택한다. 소년은 그 나이 든 남자와 그의 친구들과 함께 시간을 보내면서 공공 생활에 대해서 배우게 된다. (……) 스승이 공직에서 임무를 수행하는 것을 지켜보고, 그와 함께 체육관으로 가서 운동을 한다. 저녁이면 그들은 술 파티인 심포지엄에 참석한다. 파티에서는 진지한 정치적, 철학적 이야기에서부터 소란스러운 환락에 이르기까지 다양한 장면이 연출된다. (……) 당시 그리스인들은 나이 든 남자가 소년의 육체적 아름다움에 매혹되는 것을 당연하다고 생각했다.

● 토머스 R. 마틴, 이종인 옮김, 『고대 그리스의 역사』, 가람기획, 2003, 225쪽

여성과 여성의 사랑은 어땠을까? 여성 동성애자를 뜻하는 레즈비언lesbian은 레스보스라는 섬 이름에서 나왔는데 이 섬에서 여성 시인 사포(B.C. 612년~?)가 소녀들에게 시를 가르치며 사랑을 나누었기 때문이야. 사포는 자신의 애제자 아티스를 소재로 이런 시를 썼어.

나는 너를 사랑하고 있었지, 아티스. 오래전부터.
그때 너는 나에게 자그마하고 우아함이 결여된
어린아이로 보였었지.

또다시 사지를 나른하게 하는 에로스가
나의 온몸을 전율케 하는구나.
달콤하면서도 쓴 저항할 수 없는 존재여.

아티스, 이제는 나에 대한 생각이
너에게 증오스러워졌구나.
그래서 너는 안드로메다에게로 날아가 버리는구나.

안드로메다는 사포와 경쟁 관계에 있던 시인이었어. 말하자면 사포 학원에서 배우던 아티스는 사포 선생님의 사랑을 받다가 "안드로메

● 윤일권·김원익, 『그리스 로마 신화와 서양 문화』, 알렙, 2015, 259쪽

다 학원이 더 좋대."라는 말을 듣고 학원을 옮겨 버린 거지. 라이벌 선생에게 제자를 빼앗긴 사포는 슬픔에 겨워 이 같은 시를 쓴 거야. 사포는 '뮤즈에게 헌신하는 집'이라는 이름의 학교를 세우고 많은 소녀들을 가르치며 연인처럼 어울렸다고 해. 『향연』에 나오는 아리스토파네스는 동성애를 인정하는 이야기를 하지. 나중에 다시 설명할게.

 ## 불청객을 대하는 신사 정신

『향연』에 나오는 사람들은 아가톤의 시인 대회 우승을 기념하기 위해 그의 집에 모인 거야. 이날은 파티 둘째 날이었지. 이들은 이미 어제 너무 술을 많이 마셨기 때문에 "오늘은 술을 마시지 말고 대화를 하자."라고 해. 그런데 나중에는 결국 모두 포도주를 마시고 고주망태가 되지. 하여간 어른 남자들이 모여서 "오늘은 술 마시지 말자."라는 맹세를 한다는 건 동서고금 모두 헛된 일이야.

『향연』의 앞부분에서 아리스토데모스는 소크라테스를 만나. 평소에 소크라테스는 맨발로 다니는데, 이날은 목욕도 하고 신발도 신고 말쑥하게 차려입었지. 아리스토데모스가 "어딜 가세요?"라고 물으니 소크라테스는 아가톤의 시인 대회 우승 기념 파티에 초대되어 간다는 거야. 어제도 갔었지만 사람이 너무 많아서 오늘 다시 가겠다는 약속을 했다면서 말이야. 그러고는 아리스토데모스에게 함께 가길 권하지. 아리스토데모스가 "선생님이 하라는 대로 하겠어요."라고 말하니까 소크라테스는 이렇게 말했어.

"속담에도 있지 않나? '훌륭한 사람은 훌륭한 사람의 연회에 초대받지 않아도 간다.'라고."

이렇게 두 사람은 아가톤의 집을 향해 갔어. 그런데 소크라테스가 자꾸 뒤처지는 거야. 왜 그랬을까?

1. 나이가 들어 걸음이 느려서
2. 뭔가를 자꾸 생각하느라
3. 길을 헷갈려서

정답은 2번이야. 소크라테스는 걸으면서도 뭔가를 생각하느라 자꾸 멈춰 서곤 했어. 아리스토데모스가 기다리니까 먼저 가라고 했지. 그래서 아리스토데모스가 아가톤의 집에 먼저 도착했는데 곤란한 상황이 되고 말았어. 아가톤은 소크라테스는 초대했지만 아리스토데모스는 초대하지 않았거든. 초대받은 사람들은 막 식사를 하려던 참이었어. 자, 이때 아가톤은 어떻게 대응했을까?

아가톤이 그를 보자마자 말했다고 하네.

"아리스토데모스, 함께 식사할 수 있게 때맞춰 왔구먼. 다른 어떤 일 때문에 왔다면 다른 때로 미루게. 자넬 초청하려고 어제도 찾아다녔는데 만날

수가 없더군."

이런 게 참 멋진 장면이야. 아가톤은 신사다운 사람이지. 그가 아
리스토데모스를 과연 초대했을까? 아마 초대 명단에 없었을 거야.
그럼에도 이미 온 손님을 쫓을 수는 없잖아. 그래서 아리스토데모스
를 배려해서 "어제 초청하려고 찾아다녔는데 자넬 못 만났어."라고
말하면서 바로 식사 자리에 참여할 것을 권한 거지.

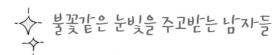
불꽃같은 눈빛을 주고받는 남자들

그들은 모두 누워서(!) 식사를 하려고 했어. 고대 그리스에서는 가
운데에 상을 두고 침상을 가져다 놓고는 반쯤 누워서 먹었거든. 그런

● 플라톤, 강철웅 옮김, 『향연』, 이제이북스, 2014, 62쪽

데 정작 소크라테스는 오지 않았어. 사람들은 기다리다 못해 식사를 시작하고, 요리를 반쯤 먹었을 때 소크라테스가 나타났지. 다른 이들은 모두 20~30대이고 소크라테스만 50대니까 나머지 사람들이 소크라테스에게 선생님 대접을 해 줬어. 소크라테스가 오자마자 아가톤은 "아마도 무슨 좋은 생각을 하시느라 늦으신 것 같은데 제 옆에 앉아 그 지혜를 전해 주시지요."라고 말했지. 그랬더니 소크라테스가 아가톤 옆에 앉으면서 뭐라고 했게?

"우리가 서로 만지기만 해도 지혜란 것이 충만한 사람에게서 모자란 사람에게 흘러긴다면 얼마나 좋겠나. 물이 가득한 자에 털실을 걸쳐 두면 빈 잔 쪽으로 물이 흐르듯이 말이야. 그렇다면야 기꺼이 자네 옆자리를 차지하겠네. 자네의 풍요로운 지혜로 내가 채워질 수 있게 말일세. 내 지혜라는 건 보잘것없어. 하지만 자네의 지혜는 눈이 부실 정도라네. 엊그제만 해도 3만 명의 청중 앞에서 자네의 지혜가 빛을 발하지 않았나!"

하하하! 소크라테스 선생님 완전 선수네, 선수야. 결론부터 말하면 아가톤은 자기 애인한테 싫증 난 상태였고, 소크라테스도 알키비아데스라는 애인이 지루해진 마당이었어. 그러던 차에 소크라테스와 아가톤이 '파지직' 불꽃같은 눈빛을 교환하고 있는 거야.

● 플라톤, 크리스토퍼 길 옮김, 『향연The Symposium』, Penguin Books, 1999, 7쪽

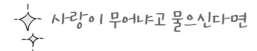

사랑이 무어냐고 물으신다면

식사를 마치고 나니 에릭시마코스가 사랑이 무엇인지에 대해 각자 생각을 말해 보자고 제의해. 다들 동의하고 먼저 파이드로스가 말하지. 이 사람은 사랑 지상주의자야. 뭐니 뭐니 해도 사랑이 최고라는 거지. 파이드로스의 주장은 이런 내용이야.

1. 고상하게 살려는 사람은 가문이나 재산, 지위보다도 연인이 있어야 한다.
2. 소년에겐 어릴 때부터 애인을 갖는 게 생의 가장 큰 보람이다.
3. 우리가 가진 수치심과 자부심의 기준은 사랑이다.
4. 사랑하는 사람이 치욕을 당했을 때 가장 괴로운 사람은 아버지도 친구도 아니고 애인이다.

그러면서 기발한 아이디어를 내놓지. 사랑하는 사람들끼리 군대를 조직하자는 거야. 그럼 자기 애인을 지키기 위해서 또는 사랑하는 사람에게 자기가 얼마나 용감한지 보여 주기 위해서 평소보다 더 열심히 싸울 거라는 얘기지.

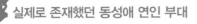
B.C. 338년, 도시국가 테베가 마케도니아의 침략을 받은 적이 있어. 이 때 마케도니아 왕은 필리포스 2세였어. 필리포스 2세는 알렉산드로스 대왕의 아버지로 정복 전쟁을 벌여 그리스의 거의 전 지역을 지배했지. 마케도니아의 침입에 테베는 동성 연인들로 구성된 부대를 내세워 전쟁에 나섰어. 강군을 맞이한 동성애 부대는 수적으로 열세였지만 물러서지 않고 전원이 전사할 때까지 싸웠어. 그러나 전투는 마케도니아의 승리로 끝났지. 혹시 테베 부대는 『향연』을 읽었던 게 아닐까?

잃어버린 반쪽을 찾아서

다음 차례인 파우사니아스는 이렇게 말해.

"너무 빨리 사랑을 받아들이지 말고, 돈이나 권력 때문에 누군가를 사랑하지 말 것이며, 덕으로 사랑할 것."

그다음 에릭시마코스는 이렇게 말하지.

"사랑은 우리에게 온갖 행복을 가져다주는데, 음악과 의술도 사랑의 신 에로스로부터 비롯된 것이다."

이제 희극 시인 아리스토파네스 차례가 됐어. 그는 "사랑은 부절을 찾는 행위"라고 이야기해. 부절符節 또는 부신符信은 나무나 뼈의 조각을 둘로 나눈 것이야. 두 사람이 하나씩 갖고 있다가 맞추어 보게 되어 있지. 옛날 중국에서는 전쟁에 나갈 때 왕과 장수가 부절을 하나씩 나누어 가졌어. 새로운 명령을 내릴 때 왕은 전령에게 부절을 주면서 가져가라고 했지. 전령은 부절을 가져가서 왕의 명령을 전하고, 전쟁터의 장수는 그 부절을 자기 것과 맞춰 보았어. 그리스 신화에도 부절에 대한 이야기가 나오는 것을 보면 이 부절은 동서양을 막론하고 믿음에 대한 표시로 널리 사용했나 봐.

아리스토파네스는 인간은 원래 세 종류였고 남자 – 여자, 남자 – 남자, 여자 – 여자가 한 몸이었다고 주장해. 얼굴이 둘, 팔과 다리가 넷, 생식기가 둘 달린 기괴한 모습이었다는 거야. 이들은 힘도 세고 머리도 좋아서 신을 깔보았지. 보다 못한 제우스가 이들의 몸 가운데를 잘라 둘로 나누어 놨다는 거야. 그래서 갈라졌던 반쪽이 다른 반쪽을 찾아 나서는데, 이게 바로 사랑이라는 말씀.

그들은 지금처럼 똑바로 서서 걸었는데, 어느 방향으로든지 가고 싶은 대로 걸어갈 수 있었습니다. 그리고 빨리 뛰고 싶을 때는, 마치 공중제비 하는 곡예사가 두 다리를 공중으로 쳐들었다가 넘어가듯, 그 당시 그들이 가지고 있던 8개의 수족으로 연거푸 번갈아 땅을 짚어 가면서 아주 빠른 속도로 굴러갈 수도 있었습니다. (······)

본래의 몸이 갈라졌을 때, 그 반쪽은 각각 다른 반쪽을 그리워하고 다시 한 몸이 되려고 했습니다. (······) 이렇듯 인간이 서로를 사랑한다는 것은 먼 옛날부터 인간 속에 깃들여 있는 것입니다. 그것은 본래 몸뚱이의 부분을 다시 한데 모아, 둘이 하나가 되게 하여 인간의 본성적 구조를 회복하고자 하는 충동입니다.

『향연』에 등장하는 사람들은 사랑을 이야기하면서 사랑의 신 에로스에 대해서도 이야기해. 에로스는 '사랑의 신'을 뜻하면서 동시에 '사랑 그 자체'를 상징하지.

이제 소크라테스와 아가톤만 남았어. 누가 먼저 이야기할 것인가를 두고 소크라테스는 "시인 대회에서 우승한 아가톤 다음에 연설하는 것은 난처한 일"이라며 또 아가톤을 칭찬해. 아가톤은 그건 평범한 다수 앞에서 한 것이고 여긴 현명한 사람들이 보여 있으니 더 떨린다고 답하지. 여기에 소크라테스가 다시 칭찬을 하면서 아가톤하고 대화를 이어 가려 하니까, 파이드로스가 끼어들어.

"소크라테스 저 양반은 한번 대화를 시작하면 끝이 없다. 특히 잘생긴 청년하고는 더 그렇다."

하하, 너무 재밌지? 사람들도 다 알고 있는 거야. 소크라테스가 연애 고수라는 걸. 파이드로스가 개입해서 이제 아가톤이 바통을 이어받아 자신의 사랑론을 펼치지.

● 플라톤, 원창화 옮김, 『소크라테스의 변명』(『향연』이 포함되어 있음), 홍신문화사, 2006, 77~79쪽

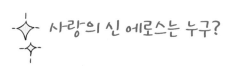

사랑의 신 에로스는 누구?

아가톤은 사랑의 신 에로스에 대해 이야기해.

1. 에로스는 다른 사람을 시인으로 만드는 최고의 시인이다. 설사 뮤즈와 거리가 멀었던 사람이라 해도 시인으로 만든다. (사랑에 빠지면 누구나 시인이 된다는 뜻이야.)

2. 에로스는 사치와 미식과 우아와 동경과 욕망의 아버지다. (사랑에 빠지면 사치하게 되고, 맛있는 걸 먹게 되고, 우아한 척하게 되고, 서로 그리워하며 육체적 욕망을 느낀다는 뜻이야.)

3. 에로스는 곤경에 빠졌을 때와 두려울 때 우리를 구원하고, 술 마실 때와 이야기를 나눌 때 가장 아름다운 짝이다. (사랑하게 되면 어렵고 힘들 때 힘이 되고 두려울 게 없어져. 또 사랑하는 이와 술 마시고 이야기를 나누는 일보다 더 좋은 건 없다는 뜻이야.)

"모든 사람은 그가 모든 신들과 인간들의 마음을 홀리면서 부르는 그 노래에 동참하여 아름다운 찬송을 부르면서 그를 따라야 하네."

아가톤이 이렇게 연설을 마치자 사람들이 박수를 쳤어. 소크라테

• 플라톤, 강철웅 옮김, 『향연』, 이제이북스, 2014, 114쪽

스는 사회자 역할을 하는 에릭시마코스에게 "그것 보게. 내가 아가
톤이 잘할 거라 하지 않나." 하면서 다시 한번 아가톤을 치켜세우
지. 칭찬이 최고의 연애 비법임을 이 양반은 알고 있었던 거야.

 ## 소크라테스, 사랑에 대해 입 열다

드디어 소크라테스 차례가 됐어. 소크라테스는 자기가 얼마 전에
만난 디오티마라는 지혜로운 여성이 사랑에 대한 좋은 가르침을 줬
다면서 이렇게 이야기해.

> "그는 살아 있어도 살아 있는 것이 아닙니다. 풍요로울 때는 한순간
> 활짝 피어난 듯 생기가 넘치다가도 다음 순간 죽을 것처럼 시들해집니다.
> 채워질 때가 있으면 비워질 때도 있는 법. 사랑이란 그러므로 언제나 풍
> 족하고 동시에 언제나 부족한 것이랍니다."[*]

디오티마는 "에로스는 페니아와 포로스의 아들이다."라고 했어.
페니아는 가난이고 포로스는 풍요야. 한마디로 사랑 안에는 가난과
풍요가 공존한다는 거야. 이건 대단한 메타포지. 왜? 사랑하게 되면

● 플라톤, 크리스토퍼 길 옮김, 『향연The Symposium』, Penguin Books, 1999, 39~40쪽

우리는 결핍을 느껴. 사랑하는 그 사람이 없으면 아무리 좋은 집도 차도 많은 돈도 필요가 없지. 그 사람이 없는 한 우리는 가난해. 동시에 그 사람과 함께 있으면 좁은 집도 낡은 차도 풍요로운 것이 되지. 그 사람이 있는 한 우리는 부자야. 그러니 사랑은 가난과 풍요가 낳은 아들이 맞지.

또 소크라테스는 디오티마의 입을 빌려 이렇게 주장해.

1. 사람이 사랑을 하게 되면 아이를 낳는데 이건 영원불멸한 존재가 되려는 욕망 때문이다.
2. 사랑은 육체뿐 아니라 지혜도 잉태한다.
3. 사랑은 한 사람의 아름다운 육체뿐 아니라 모든 육체의 아름다움에 눈뜨게 만든다. 그리하여 사랑의 신비는 우리에게 아름다움 그 자체를 보게 한다.

"당신이 이 아름다움을 보게 된다면, 그건 황금이나 화려한 옷이나 아름다운 소년에 대한 열정 따위와는 비교조차 할 수 없다는 걸 알게 될 겁니다. 우리는 사랑하는 사람과 함께 있을 때 먹지도 마시지도 않으면서 그저 바라보는 것만으로도 그 순간이 영원하기를 바랍니다. 아름다움 그 자체를 본다면 (······) 어떻게 되겠습니까?"*

● 앞의 책, 49쪽

"우리는 사랑을 통해 아름다움을 보고 참다운 덕을 갖게 되며 결국 영원불멸한 존재가 된다."라는 것이 소크라테스의 사랑론이야.

술에 취해 등장한 소크라테스의 연인

여기까지 이야기했을 때, 문 앞이 소란해졌어. 소크라테스의 오랜 연인 알키비아데스가 술에 취해 나타났지.

그는 담쟁이와 제비꽃으로 엮은 화환을 몸에 두르고, 머리에는 리본을 가득 달고서는 문 옆에 서서 말했다네.

"여러분 안녕하십니까? 내가 좀 취했지만, 아니 아주 많이 취했지만 이 자리에 좀 끼어도 되겠습니까? 아니면 아가톤한테 화환만 전하고 갈까요? 실은 그것 때문에 온 거니까 말이죠. 어제 축하 파티에 오지 못해 너무 미안했거든요. 나는 내 머리에 있는 이 리본들을 직접 아가톤에게 씌워 주고 싶단 말이에요. 아가톤으로 말할 것 같으면, 가장 똑똑하고 아름다운 사람이니까요. 내가 취했다고 웃는 겁니까? 맘대로 하시오. 하지만 대답해 봐요. 나랑 같이 술을 마실 건지, 말 건지!"

좌중에서는 박수갈채가 터지고, 모두들 들어와서 자리에 앉으라고 권했지. 아가톤도 그를 초대했고.

흥미진진하지? 이게 어떻게 된 거냐고? 지나온 과정을 설명하면
이런 거야.

1. 알키비아데스가 소년이었을 때, 아테네 최고의 꽃미남이었다.
2. 알키비아데스를 애인으로 만들기 위해 아테네 최고의 귀족 남
   자들이 몰려들었다.
3. 알키비아데스는 그냥 돈 많은 귀족보다 교양미를 갖춘 남자
   를 만나고 싶었다.
4. 알키비아데스를 좋아하는 남자 중에 소크라테스도 있었다.
5. 소크라테스는 알키비아데스를 만나 이야기를 나누었다.
6. 소크라테스와 이야기를 나눈 알키비아데스는 사랑에 빠졌다.
7. 알키와 소크 커플은 아테네가 인정하는 애인 사이가 되었다.
8. 소크라테스는 잘생긴 청년만 보면 그 청년과 이야기를 나누었다.
9. 소크라테스는 현재 아가톤에게 눈독을 들이고 있다.
10. 소크라테스와 아가톤이 알콩달콩 가까이 앉아 눈빛 교환을 하
    고 있는데 소크라테스의 오래된 연인 알키비아데스가 술에 취
    해 등장했다.

웬만한 드라마보다 재밌지 않니? 완전 긴장되는걸!

● 앞의 책, 50~51쪽

소크라테스의 아슬아슬한 삼각관계

알키비아데스는 아가톤 옆에 앉아 자기 머리에 두르고 있던 리본(머리띠)들을 풀어서 씌워 주었어. 그제야 소크라테스를 발견하고는 이렇게 비꼬았지.

"세상에, 소크라테스! 여기서 제일 멋진 사람 옆에 앉아 계시네!"

그러면서도 소크라테스에게 예쁜 머리띠를 둘러 주고는 2리터가 넘는 포도주를 벌컥벌컥 들이켰어. 잔을 가득 채워 소크라테스에게 주니 소 선생님도 단숨에 잔을 비웠지. 생각해 봐. 그리스 최고의 철학자들과 귀족들이 둘러앉아 머리에 귀여운 띠를 두르고 와인을 마시면서 대화하는 모습을. 진짜 깜찍하지? 그런데 그다음 소크라테스의 대사는 아침 드라마보다 더 막장이야.

"아가톤, 나를 보호해 주게. 내가 이 사람(알키비아데스)을 사랑하긴 하지만 이젠 진짜 곤란한 지경이야. 내가 이 친구를 만나 사랑한 이래로 나는 도무지 그 어떤 매력적인 사람하고 이야기를 할 수가 없다네. 내가 누굴 쳐다보기만 해도 질투를 하고 심통을 내면서 미쳐 버린다네. 나한테 소리소리 지르고 때리려고까지 한다니까. 그러니 우리 둘 사이에 아무 일 없도록 날 좀 지켜 주게. 그가 나한테 주먹질을 하려고 하면 나를 보호해 주고. 애인한테 미치도록 집착하는 데 아주 질려 버렸어."

플라톤은 도대체 무슨 생각으로 책에 이런 내용을 쓴 건지……. 스승을 욕 먹이려는 건가? 아니, 이런 사람을 무슨 세계 4대 성인이라고 하는 거야? 나도 의문이야. 그런데 이 이야기가 사실이라면 소크라테스는 진짜 인간적인 거야. 소크라테스는 알키비아데스를 사랑했어. 다만 육체적인 관계는 맺지 않고 정신적으로만 사랑했어. 소크라테스는 아테네의 젊고 멋진 청년들이 보다 차원 높은 사랑을 하길 바랐어. 『소크라테스의 변명』에 나오듯이 그들이 지혜를 갈망하고 영혼을 돌보며 고상한 철학 속에서 살길 바랐지. 알키비아데스에 대해서도 마찬가지야. 소년 시절부터 그와 어울리면서 좋은 말도 해 주고 깨우쳐 주고 이끌어 주었지. 한마디로 '플라토닉 러브'의 상대였어. 그렇다면 알키비아데스는 어땠을까?

 ## 누군가를 진짜 사랑하고 있다면

에릭시마코스는 알키비아데스에게도 사랑에 대해 이야기해 보라고 해. 여기서 놀라운 반전이 나오지. 알키비아데스는 이렇게 말했어.

"난 사랑이 뭔지 모르겠고, 소크라테스 선생에 대해 이야기하고 싶소."

● 앞의 책, 51~52쪽

맙소사! 막장 캐릭터 알키비아데스가 진짜 사랑을 알고 있었던 거야. 우리가 누군가를 진짜 사랑하면 그 사람이 곧 사랑이야. 사랑에 대한 정의가 무슨 필요가 있어? '사랑 = 그 사람 자체'인 거지. 그런 의미에서 알키비아데스야말로 사랑이 뭔지 잘 알고 있었던 거야.

알키비아데스는 소크라테스에 대해 무슨 이야기를 했을까?

1. 소크라테스는 못생겼다.
2. 소크라테스는 지혜롭다.
3. 소크라테스는 놀라운 사람이다.

정답은 1, 2, 3번 모두야. 알키비아데스는 "소크라테스는 못생겼고 지혜롭고 놀랍다."라고 말했어. 왜 놀랍다는 걸까? 알키비아데스는 소크라테스가 "돈이나 아름다운 육체 따위에는 관심이 없고 정신적 고상함에만 관심이 있다."라고 폭로(!)했어. 또 추위도 잘 타지 않으며, 먹을 때는 먹는 것에만 집중해서 즐거워하고, 생각할 때는 생각에만 집중해서 즐거워하는 사람이라고 말했지. 전쟁터에 나가서는 자기를 지켜 주었고 훈장을 타도록 변호도 해 주었다는 거야. 마지막으로 알키비아데스는 소크라테스와 대화를 나누는 것에 대해 이렇게 이야기했어.

"그는 늘 똑같은 말로 똑같은 소리를 하는 것 같아서, 무식하고 어리석은 사람은 누구나 그 이야기를 우습게 여겼던 것입니다. 하지만 가슴을 열고 그 속에 들어가 보면, 먼저 그 낱말들만이 의미 있는 말이라는 걸 발견하게 되며, 그다음으로는 그것들이 더할 나위 없이 신적인 말이어서 가장 순수한 덕의 이미지들로 가득합니다. 그것들은 엄청난 의미들로 가득합니다."

역시 소크라테스를 사랑하는 알키비아데스는 그의 진면목을 알아본 거야. 이다음에 아가톤과 소크라테스는 알키비아데스를 밀치고 서로 붙어 앉겠다면서 알키비아데스를 놀렸어. 『향연』은 이렇게 끝까지 막장을 보이다가 모두 술에 취해 잠들고 소크라테스가 그곳을 떠나면서 막을 내리지. 정녕 사랑은 순수하고 아름답지만 가끔은 처절하고 궁상맞기도 한 것일까? 읽을수록 감칠맛 나는 이야기! 언젠가 여러분도 사랑을 하게 된다면 플라톤의 『향연』을 꼭 한번 읽어 보길.

● 플라톤, 원창화 옮김, 『소크라테스의 변명』, 홍신문화사, 2006, 127쪽

8

『역사』

**페르시아 전쟁을 통해 만나는
다양한 문화 이야기**

 ## 헤로도토스의 글쓰기비결

고대 로마의 정치가이자 작가 키케로는 헤로도토스(B.C. 484년경
~B.C. 425년경)를 '역사의 아버지'라고 불렀어. 헤로도토스는 소아시
이 할리키르나소스에서 태어났지. 지금의 터키 남쪽 지역이야. 그는
B.C. 445년경 그리스 문화의 중심지 아테네로 가서 활동했어. 헤로
도토스는 자기가 지은 『역사』를 사람들 앞에서 낭독해서 큰돈을 벌
기도 했어. 『역사』는 그리스와 페르시아 사이에 있었던 전쟁(페르시아
전쟁)의 원인을 밝힐 목적으로 썼지.

이 책은 할리카르나소스 출신의 헤로도토스가, 인간계의 사건이 시간
이 흘러감에 따라 잊혀 가고 그리스인과 이방인이 이룬 놀라운 위업들-
특히 양자가 어떤 원인에서 전쟁을 하게 되었는가 하는 사정 - 을 세상 사
람들이 알지 못하게 될 것을 우려하여, 스스로 연구 조사한 바를 서술한
것이다.

동시에 『역사』는 헤로도토스가 살았던 그리스를 중심으로 주변의 나라와 그곳에 살던 사람들의 풍습, 문화에 대한 매우 자세한 기록이기도 하지. 헤로도토스는 세 가지 방식으로 역사를 써 나갔어.

첫째, 여행에서 얻은 경험과 지식을 활용했어. 헤로도토스는 스키타이족이 살던 흑해 연안부터 이집트, 바빌론, 이탈리아 등 당시 그리스 사람들이 '세계'라고 인식하고 있던 지역을 두루 여행하고 모험하면서 『역사』를 썼어.

둘째, 인문학적 서술과 객관성을 유지했어. 헤로도토스의 책에는 신탁이나 미신 이야기가 나오지만, 정작 헤로도토스 자신은 그 이야기를 믿지 않았어. "제우스 신이 신전에 내려와 잠을 잔다."라든지, "신탁을 비둘기의 입을 빌려 전해 준다."라든지 하는 비과학적인 이야기에 대해서는 '전달은 한다. 그러나 나는 믿지 않는다.'라는 입장을 취했지.

셋째, 스토리텔링 기법을 구사했어. 헤로도토스는 뛰어난 기억력과 지식으로 『역사』를 집필했어. 무엇보다 이야기를 재미있게 풀어 나가는 '스토리텔링 기법'을 구사했기에 많은 사람들이 그의 이야기를 듣고 싶어 했고, 책으로 남겨진 뒤에는

역사는 🦶로 쓰는 것이다.

아, 다리 아파!

● 헤로도토스, 박광순 옮김, 『역사』, 범우사, 1996, 23쪽

2,500년이 지난 지금까지 사람들에게 사랑받는 고전이 되었지.

 ## 증명할 수 있는 것만 쓰자

고대 그리스의 역사학자 헤카타이오스(B.C. 550년~B.C. 475년)가 이
집트를 방문했을 때의 일이야. 그는 "나의 16대 선조는 신이다."라고
허풍을 쳤어. 그 당시 사람들은 신화를 믿고 있었기에 누구의 선조
는 제우스, 누구의 선조는 헤라클레스 하는 식의 이야기를 사실로 받
아들였어. 헤카타이오스는 자기의 16대조 할아버지가 영생불멸하고
하늘에서 번개를 던지며 신통력을 가진 신이라고 자랑했지. 당시 이
집트는 그리스 못지 않게 문명이 발달해 있었어. 헤카타이오스의 허
풍을 들은 이집트 사제들은 어떻게 했을까?

1. "우리 16대조 할아버지도 신이다."라고 맞받아쳤다.
2. 헤카타이오스를 우러러봤다.
3. 인간의 선조는 인간이라는 것을 증명했다.

정답은 3번. 어떻게 증명했는지 볼까?

예전에 역사가 헤카타이오스가 테베를 방문해 자신의 가계家系에 대해 이

야기하면서 "우리 가문의 16대 선조는 신이었다."라고 주장했다. 그곳의 제우스 신전 사제들은 그에게 내게 한 것과 똑같은 일을 했다.

그들은 나를 큰 홀 안으로 데려가 나무를 깎아 만든 인물상을 보여 주면서 그 목상에 새겨진 숫자를 하나하나 셌다. 대사제들은 생전에 이곳에 자신의 모습을 본떠 목상을 세운다. 사제들은 내게 그것들을 하나하나 세어 보며 각각의 목상은 아버지로부터 아들로 이어진다고 했다. 우리는 가장 최근에 죽은 사제의 목상부터 시작해서 모든 목상을 한 바퀴 돌았다.

헤카타이오스가 자신의 가계를 들먹이며 자신의 16대 선조가 신이라고 주장하자 사제들은 자신들이 가계도를 어떻게 만들어서 물려주는지 설명하면서 목상의 수를 일일이 셌다. 왜냐하면 그들은 인간이 신으로부터 태어난다는 헤카타이오스의 주장을 받아들일 수 없었기 때문이다. 사제들은 345개나 되는 거대한 목상들 하나하나는 모두 '피로미스'에서 '피로미스'로 대물림되는 것이라고 힘주어 말했다. 그중 어느 하나도 영웅이나 신과는 상관이 없다면서. 피로미스는 그리스 말로 인간이란 뜻이다.●

인문학적 서술이란, 인간이 이성에 의해 증명할 수 있는 것만을 쓴다는 뜻이야. 여기서 인문학은 신학의 반대이지. 신학적 서술이란, 인간이 이성으로 받아들일 수 없는 부분이라 해도 일단 전해져 오는 부분은 쓴다는 뜻이야. 어떤 사람은 이성으로 받아들일 수 없어도 믿

● 헤로도토스, 데이비드 그렌 옮김, 『역사The History』, University of Chicago, 1987, 킨들 에디션

고, 어떤 사람은 이성으로 받아들일 수 있어야 믿지. 어쨌든 헤카타이오스의 말은 근거가 허술한 주장이었어. 이에 대해 이집트 사제들은 '인간의 선조는 인간일 뿐'이라고 못 박았지. 분명한 근거를 바탕으로 한 설득 앞에서 억지 주장이 KO패를 당한 거야.

페르시아 전쟁과 IMF 외환 위기

페르시아 전쟁은 B.C. 492년부터 B.C. 479년 사이에 일어났어. 동방의 강대국 페르시아는 그리스 지역 도시국가들에게 흙과 물을 바칠 것을 요구했어. 그럼 간단히 흙 한 줌과 물 한 주전자를 바치면 끝일까? 아니야. 매년 특산물을 바치고 페르시아 황제의 말을 고분고분 들으라는 뜻이야. "안 그러면 모든 도시를 파괴할 것이며 남자는 살육하고 여자와 어린이는 노예로 삼겠다."라고 협박하면서 말이야. 한마디로 "우리가 강대국이니 너희 나라를 식민지로 삼겠다."라는 뜻이야. 주변의 약소국 대부분, 그리스 지역의 도시국가 대부분이 어쩔 수 없이 이 요구에 응했지.

1997년, 대한민국이 보유한 달러가 거의 바닥나고 외국의 은행들이 "빌려준 돈을 갚아라." 하며 만기 연장을 거부했을 때, 우리는 국제 금융 기구인 IMF(국제통화기금)로부터 급히 550억 달러를 빌려야 했어. 사실 이때 우린 일본에서 달러를 빌려 올 수도 있었지. 일본은 당시 엄청난 달러를 갖고 있었고 빌려줄 생각도 있었어. 하지만 일본은 우리에게 달러를 빌려주지 않았어. 왜냐고? 미국이 "한국에 달러를 빌려주면 앞으로 일본과 좋은 관계를 지속할 수 없다."라며 협박했기 때문이야. 미국은 우리나라가 경제적으로 폭삭 망하길 바랐어. 이때 IMF 의장은 프랑스 사람 미셸 캉드쉬였지만 그는 미국의 사주를 받고 있었지. 미국은 캉드쉬를 통해 우리나라에 이런 요구를 했어.

1. 외국인이 한국에서 특정 기업의 주식 50퍼센트 이상을 살 수 있도록 할 것. (이전까지 외국인은 한국에서 기업의 주식을 25퍼센트만 가질 수 있었어. 특정 기업의 주식을 50퍼센트 이상 가지면 그 기업을 지배할 수 있지.)
2. 노동자들의 해고를 자유롭게 할 것. (외국인이 기업을 지배하고 노동자를 마음대로 자를 수 있게 하려는 의도였어.)
3. 외국인이 한국에서 은행이나 증권사를 설립할 수 있도록 할 것. (은행이나 증권사는 기업의 돈줄이기 때문에 외국인이 이를 마음대로 가질 수 있게 하려는 생각이었어.)

우리는 이 조건을 받아들여야 했어. 캉드쉬는 "안 받아들이면 돈 안 빌려준다."라고 했거든. 마치 "돈 안 갚으면 신장 하나 떼어 간다." 하면서 신체 포기 각서를 쓰게 하는 양아치 집단과 다를 다 없었지. 대한민국 정부는 울며 겨자 먹기로 이 조건을 받아들였어. 우리와

IMF 사이에 체결한 협상서에서 표현은 '외국인'이라고 했지만 실은 미국인을 의미하는 거였어. 이때 우리는 IMF의 돈을 빌리면서 우리 나라의 경제 주권을 미국에게 강탈당하고 말았지.

미국의 자본과 정부는 이때 우리나라에 들어와 중요한 은행, 기업 등을 마음껏 사들였어. 결국 미국은 고대의 페르시아 같은 강대국이 주변의 약소국에게 한 짓을 똑같이 한 거야. 역사는 반복되는 거지. 그 반복 속에서 우리가 또 당하지 않으려면 정신 똑바로 차리고 헤로도토스의 『역사』 같은 책을 읽으면서 공부해야 돼. 고전을 괜히 읽는 게 아니라고.

그런데 페르시아의 협박에 대부분의 그리스 도시국가는 순종했지만, 이오니아 지방의 몇몇 도시는 반발했어. 아테네와 스파르타는 페르시아의 사절단을 처형하기까지 했어. 이에 분개한 페르시아는 다리우스 황제와 그의 아들 크세르크세스 황제 시대에 걸쳐 그리스 지역을 침공했어.

 ## 페르시아군은 왜 그리스군에게 당했을까?

페르시아는 B.C. 492년에 잠시 그리스 지역으로 쳐들어왔다가 곧 철수해. 아마 맛보기 전쟁이었나 봐. 2년 뒤, 다리우스 1세는 대군을 이끌고 아테네 근처까지 침략하지. 마라톤 평원에서 두 군대가 맞붙었어. 페르시아는 20만, 아테네는 1만 1천 명이었어. 결과는 어떻게 됐을까? 페르시아 측 전사자는 6,400명, 아테네 측 전사자는 192명 이었어. 페르시아는 대패해서 달아났지.

의문 1. 거의 20대 1로 붙은 싸움에서 어떻게 페르시아가 이토록 철저하게 깨졌을까?

다리우스 1세는 죽으면서 아들 크세르크세스 1세에게 "그리스 놈들에게 복수해 다오."라고 당부해. 크세르크세스는 B.C. 480년, 대군을 이끌고 다시 그리스를 침략하지. 『역사』를 쓴 헤로도토스에 따르면 페르시아는 1,327척의 함선과 보급선 3천 척, 총인원 50만 명의 해군 병력으로 그리스를 침범했어. 이에 맞서는 그리스는 해군의 배가 겨우 378척이었지.

페르시아 육군 병력은 200만 명이 넘었어. 이 부분은 헤로도토스가 과장한 것 같은데, 현대의 학자들은 육해군 합쳐 약 20만 명 정도 될 거라고 추측하고 있어.

반면 그리스는 육군을 미처 준비하지도 못했어. 도시국가들이 우왕좌왕하는 동안 일단 페르시아 육군의 진격을 며칠 늦추려고 4천여 명의 그리스 연합군이 테르모필레 협곡을 지키고 있었지.

먼저 페르시아는 육로로 쳐들어왔어. 그런데 테르모필레 협곡에서 그리스 연합군을 만나 혹독하게 당하게 돼. 스파르타의 레오니다스

왕을 중심으로 한 300명의 결사대가 일당백으로 싸웠고 다른 그리스 도시국가 군대 역시 뛰어난 전투 실력을 보였기에 페르시아가 그렇게 자랑하던 '불사대不死隊'도 속절없이 무너졌지. 불사대는 '죽지 않는 군대'라는 뜻인데 스파르타의 결사대를 맞아 많이 죽었어. 이름 바꿔야겠네.

『역사』를 보면 페르시아군은 그리스 병사의 칼에 맞아서 죽는 사람보다 자기편에 깔려 죽는 병사가 더 많았다고 해. 이걸 보면 페르시아군이 얼마나 약하고 겁이 많았는지 알 수 있지. 테르모필레 전투에 100만 대군을 몰고 온 페르시아는 여기에서 2만 명이 전사했어. 그리스군은 2천 명 정도 희생됐지.

의문 2. 페르시아는 왜 그리스군만 만나면 힘을 못 쓸까?

크세르크세스는 테르모필레에서 된통 당하고 나서 육군 대신 해군으로 그리스를 무너뜨리겠다고 마음먹었어. 역시 수적인 우세를 믿고 해군을 살라미스에 파견했지. 사실 그리스 장군 테미스토클레스가 페르시아 해군을 이곳으로 유인했어. 4대1 정도로 적은 함선으로 적을 상대하려면 넓은 바다보다는 좁은 해협이 유리하거든. 살라미스 해협은 한꺼번에 많은 배가 들어갈 수 없어서 그리스 측 함선과 페르시아 측 함선이 대등한 숫자로 맞설 수 있었어. 더구나 살라미스에는 그리스 병사들의 가족이 피신해 있었지.

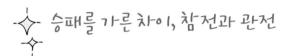

승패를 가른 차이, 참전과 관전

그리스 해군 연합 사령관은 스파르타의 에우리비아데스였어. 그를 비롯한 대부분의 그리스 장수들은 바다가 넓게 펼쳐진 이스트모스 앞으로 가서 싸우자고 했어. 이유는 한 가지, 여차하면 도망가기 쉽기 때문이야. 이스트모스 뒤로 펠레폰네소스반도가 펼쳐져 있어서 싸우는 척하다 어디든 배를 대고 육지로 내뺄 수 있었거든. 살라미스는 좁은 해협이라 그러기 쉽지 않았어. 기댈 곳이라고는 좁은 살라미스섬뿐이었지. 테미스토클레스는 이곳에서 배수의 진을 치고 죽기 살기로 싸우는 것만이 승리를 보장한다고 믿었어. 그래서 총사령관 에우리비아데스에게 말했지.

"그대가 여기에 머무르며 용감하게 행동한다면 모든 것이 다 잘될 것이지만, 그렇지 않으면 그리스는 파멸할 것이오. 이번 전쟁의 운명 전체가 우리의 함선들에 달려 있기 때문에, 부디 내가 권하는 대로 해 주길 바라오. 하지만 그대가 그렇게 하지 않으면 우리는 가족들을 태우고 이탈리아의 시리스로 갈 것이오. (……) 그대는 우리와 같은 동맹국을 잃고 나서야 내가 지금 말한 것을 떠올리게 될 것이오."

● 헤로도토스, 박수진 풀어씀, 『역사』, 풀빛, 2009, 333쪽

그리스 함선 378척 중에 테미스토클레스가 이끄는 아테네군은 180척을 보유하고 있었어. 아테네가 빠진다면 싸움에서 질 것은 불 보듯 뻔했지. 에우리비아데스는 할 수 없이 살라미스에 머물겠다는 결정을 내렸어. 천하의 전략가 테미스토클레스는 이렇게 해 놓고 크세르크세스에게 편지를 보내지.

"저는 폐하를 흠모하고 있습니다. 그리스군이 지금 살라미스에 있는데 도망가려 하고 있습니다. 이곳을 틀어막기만 하면 폐하의 승리는 따 놓은 당상입니다. 어서 공격하세요."

이게 다 전략인 거야. 크세르크세스는 페르시아 황제로서 드넓은 땅에 억만금의 재산을 가졌지만 테미스토클레스보다 지혜가 부족했어. 그는 이 편지에 속아 진격 명령을 내렸지.

크세르크세스는 전 함대에 살라미스를 포위하라는 명령을 내렸어. 그러고 나서 자기는 살라미스가 훤히 내려다보이는 육지 쪽 아이갈레오스산 중턱에서 대형 천막을 치고 관전했지. 그리스군의 실질적 지도자는 테미스토클레스였어. 페르시아 전쟁, 특히 살라미스 해전은 테미스토클레스와 크세르크세스의 대결이라고 봐도 무방해. 이두 사람의 태도를 보라고. 참전과 관전. 이게 바로 두 사람의 근본적인 차이이자 승패의 원인이 아니었을까?

당시 해전의 양상을 살펴보자.

함선들은 배 앞에 청동으로 된 충각(뾰족하게 튀어나온 부분)을 달고 있었다. → 일단 적선을 들이받는다. → 서로 붙어 있는 상태에서 상대편 함선에 뛰어오른다. → 갑판 위에서 병사들이 창검으로 접전을 펼친다.

■ 그리스와 페르시아 지도자가 달랐던 점

구분	테미스토클레스	크세르크세스 1세
소속	아테네(그리스)	페르시아
직위	해군 장수	황제
옷차림	투구와 갑옷	황금관, 자주색 용포
무기	방패와 단검	날이 없는 장식용 금칼
식사	일반 병사와 동일	황제용 특별식
위치	전투 중인 함선 위	산 중턱 황제용 천막
마음가짐	죽기 아니면 까무러치기	격투기 시청자

궁수들은 대체로 바다에 빠진 적군을 확인 사살하는 역을 맡았어. 테미스토클레스는 함선 180여 대를 이끄는 아테네 해군 최고 지휘관이었지만 혼전 상황에서는 그도 칼을 들고 육박전을 벌였어. 그는 10년 전, 크세르크세스의 부친 다리우스 1세가 일으킨 1차 페르시아 전쟁 때 그리스 측의 승리로 끝난 마라톤 전투에도 보병으로 참전했었지.

이런 말이 있어.

"뭔가를 하려면 자기가 직접 해야 한다."

여러분도 뭔가를 하려면 누굴 시키지 말고 직접 해야 해. 전쟁도 마찬가지. 목숨 걸고 피 흘리며 싸우는 자가 팔짱 끼고 구경하는 자에게 진다면, 너무 억울하지 않겠어?

 살라미스 해전, 단 하루 동안의 혈전

B.C. 480년 9월 25일, 살라미스 해전은 이날 하루 동안 벌어졌어. 해가 밝을 때까지 장수들은 밤을 꼬박 새웠지. 그리스군은 전열을 갖추자마자 기습적으로 적군을 향해 출격했어. '승리의 노래'를 합창하면서 나팔을 불고 타악기도 두들겨 댔지. 300여 척의 배에서 수만 명이 한목소리로 부르는 노랫소리는 페르시아군의 사기를 떨어뜨렸어. 그리스군은 모두 그리스어를 썼지만 페르시아군은 페르시아어, 이집드어, 그리스어 등 다양한 언어를 쓰는 다국적군이었어. 군가를 부르고 싶어도 부를 수가 없었지.

초전에 그리스군은 페르시아 주력군을 압도했어. 페르시아 함대에 속한 그리스 민족인 이오니아 부대가 동족을 맞아 잘 싸웠으나 전세를 뒤집어 놓지는 못했어. 이집트군 역시 수세였지. 그리스군은 일관된 명령 체계에 의해 전진과 후퇴를 했어. 반면 페르시아군은 우왕좌왕했지.

전투 중 바다에 빠진 그리스군은 대부분 가까운 해안까지 수영을 해서 살아남았어. 그러나 페르시아 사람 대부분은 수영을 할 줄 몰라 익사하고 말았어. 위기의 순간, 그리스 병사는 죽을힘을 다해 싸웠지만 페르시아 병사는 살고자 했어. 그리스 장수는 스스로 생각을 해 가며 전쟁을 했지만 페르시아 장수는 산 위에 앉아 있는 크세르크세스의 눈치를 봤어. 그리스인은 자유를 위해, 페르시아인은 황제를 위해 싸웠어. 역사학자

배리 스트라우스는 『살라미스 해전』에서 "자유는 목숨을 걸어도 좋을 만큼 가치 있는 것이었으나, 대왕을 위해 목숨을 바치는 것은 어차피 다른 사람은 그 권력을 누리지 못할 것이므로 별 가치를 느끼지 못했다."라고 말했어.

결국 그리스 사람은 '자기를 위해' 싸웠고 페르시아 사람은 '남을 위해' 싸운 셈이야. 자기를 위해 싸우는 사람과 남을 위해 싸우는 사람 중 누가 이길까?

살라미스 해전은 그리스의 승리로 끝났어. 산 위에서 관전하던 크세르크세스는 세 번이나 자리에서 일어났다 앉았지. 저녁 무렵, 패배를 확인한 그는 서둘러 철군을 명령했어. 그의 머릿속에는 '그리스군이 헬레스폰토스 해협의 다리를 끊으면 어떻게 하나?' 하는 생각뿐이었어. 그렇게 되면 그리스에서 페르시아로 가는 퇴로가 막히거든. 그리스군은 일부러 그 다리를 끊지 않았어. 대군인 페르시아군이 무사히(!) 도망갈 수 있게 놔둔 거야. 쥐도 빠져나갈 구멍을 만들어 주고 몰아야 해.

크세르크세스는 일부 병력만 남기고 꽁무니를 뺐어. 축구 경기를 시청하다 리모컨을 끄듯, 그는 그렇게 쉽게 쳐들어왔다 쉽게 물러났지. 10만 명쯤 희생되는 건 왕 중의 왕인 자신의 업적을 위해서는 대수롭지 않은 일이었어. "이 산이 아닌가 보네." 하고 내려가면 그만이야. 자기 힘으로 내려가지도 않아. 노예들이 받든 가마에 편히 앉아 입만 놀리면 되니까. 반면 아테네의 장수 테미스토클레스는 피투성이가 되어 전함 위에 서 있었어. 그 덕에 살라미스 해전은 그리스의 승리로 끝났지.

왜 그리스가 적은 수의 군대로 많은 적을 물리칠 수 있었는지, 왜 페르시아의 대군이 그리스군만 만나면 10대 1, 20대 1이어도 참패를 당했는지 이제 알겠지?

크세르크세스   테미스토클레스

의문 1, 2에 대한 헤로도토스의 답변.
"페르시아군은 남을 위해 싸웠고, 그리스군은 자신을 위해 싸웠다."

참주의 지배를 받고 있을 때 아테네인은 전쟁에 나가면 주인이 시키니까 마지못해 일하는 노예처럼 싸웠다. 그랬기에 다른 나라를 이길 수 없었다. 참주의 지배에서 벗어나 자유롭게 되자 그들은 비로소 승리를 원하는 전사가 될 수 있었다. 그 누구도 아닌 자기 자신을 위해 싸웠기 때문이다.

이기거나 죽거나

페르시아 전쟁의 영웅은 스파르타와 아테네를 중심으로 한 군인이었어. 스파르타는 도시국가 전체를 군대처럼 운영한 것으로 유명하지. 캐나다의 경제학자 험프리 미첼은 『스파르타』란 책에서 이렇게 말했어.

"플루타르코스에 의하면 남자아이가 태어나면 부족의 장로에게 데려가서 레스케라고 불린 어떤 장소에서 검사를 받았다고 한다. 아이가 건강하고 장애가 없어 보이면 부모에게 돌려주어 돌보게 했다. 만약 이 신체적 검사를 통과하지 못하면 그 아이는 아포테아이라 불리는 타이게토스 산록의 깊은 구렁에서 죽게 내버려 두었다."

스파르타 사람들은 나라를 위해 목숨을 버리는 일을 가장 명예롭게 여겼어. 영화 〈300〉을 보면 전장으로 떠나는 병사들에게 어머니와 아내들이 이렇게 말하지.

"이겨서 돌아오든지, 아니면 방패 위에 누워 돌아오든지……."

이기고 살아서 돌아오거나, 전사해서 시신으로 돌아오라는 이야기야. 만약 졌는데 살아 돌아온다면? 그는 고향 사람들에게 철저히 따돌림을 당했어. 이건 아테네 사람도 마찬가지야. 아테네 남쪽에 아이기나라는 곳이 있어. 아테네와 아이기나는 펠레폰네소스의 해상 패

● 헤로도토스, 데이비드 그렌 옮김, 『역사The History』, University of Chicago, 1987, 킨들 에디션

권(쉽게 말하면 해적질)을 놓고 B.C. 7세기부터 아웅다웅하던 사이였지. 두 폴리스는 페르시아 전쟁 직전까지 잦은 분쟁을 하고 있었는데 아이기나와의 전투에서 아테네 군대가 모두 패하고 단 한 명의 병사만 살아 돌아온 적이 있었대. 아테네 여인들은 그를 둘러싸고 "왜 너만 살아왔느냐."며 머리핀으로 찔러 죽였다고 해.

"문화란 옳고 그른 게 아니야"

『역사』는 페르시아 전쟁 이야기가 중심이지만, 페르시아 전쟁 전후로 헤로도토스가 살았던 세계(말하자면 그가 '세계'라고 생각했던 지역이지.)에 대한 다양하고 특이한 문화와 풍습을 소개하는 대목이 상당히 많아. 헤로도토스는 많은 곳을 여행해서 그런지, 한 지역에서 오랜 세월을 사는 사람이 가질 수 있는 편견에서도 자유로웠지.

어느 나라 사람이든 모든 관습 중에서 가장 훌륭한 것을 고르라고 하면 심사숙고 후에 자기 나라 관습을 고를 것이다. 누구나 자기 나라 관습이 가장 훌륭하다고 여기기 때문이다. 미친 사람이 아니고서야 관습을 함부로 비웃지는 않는다. 이처럼 누구나 자기들의 관습이 최고라고 여기는 예는 얼마든지 있다. 다음의 경우를 보면 확실히 알게 되리라.

다리우스가 페르시아 왕이 되었을 때, 자신을 시중들던 그리스 사람들을 불러 놓고 얼마를 주면 그들 부친의 시신을 먹을 수 있겠느냐고 물었다. 그러자 그리스인들은 "돈을 아무리 많이 받아도 그런 짓은 할 수 없다."고 답했다. 그 말을 듣고 다리우스는 인도의 칼라티아이족을 그 자리로 불렀다. 칼라티아이족은 부모가 죽으면 그들의 시신을 먹는 장례 풍속이 있었는데, 그들의 말을 그리스어로 통역하도록 한 다음 돈을 얼마나 주면 부모의 시신을 화장하겠느냐고 물었다. 칼라티아이족은 비명을 지르며 "그런 끔찍한 말은 제발 하지 말아 달라!"고 말했다. 관습이란 그런 것이다. 그리스 시인 판다로스가 말한 대로 '관습은 만물의 왕'이다.

『역사』에는 비슷한 장례 풍속을 가진 두 민족이 등장해. 카스피해 연안의 마사게타이족과 인도의 칼라티아이족이지. 이들은 늙으면 자식들에게 죽임을 당하는 것이 '가장 훌륭한 죽음'이라고 믿었어. 심지어 늙은 부모를 죽여 그 시신을 토막 내 양이나 염소와 함께 삶아 먹었지. 여러분은 도무지 이해하지 못할 거야. 이들은 그냥 땅에 묻히는 것을 재앙으로 여기고, 죽임을 당해 일가친척에게 먹히는 것을 축복으로 생각했어. 참으로 엽기적이지? 부모의 인육을 먹는 행위는 "그들이 가진 정신과 영혼을 내 몸으로 흡수한다."라는 생각에서 비롯된 거야.

● 앞의 책, 킨들 에디션

하지만 화장을 하는 그리스인들이 보기에 마사게타이족이나 칼라티아이족의 장례 풍습은 말도 안 되는 일이었지. 반대로 칼라티아이족이 보기에 부모가 죽은 뒤에 화장을 해서 재로 만든다는 건 기절초풍할 일이었어.

페르시아 왕 다리우스가 이 두 민족을 불러 이상한 질문을 한 이유는 무엇일까? 서로 다른 문화의 다민족을 다스려야 했던 다리우스는 "너희들의 문화만이 최고라는 생각은 착각이다."라는 말을 하고 싶었던 게 아닐까?

문화란 옳고 그름의 문제가 아니야. 한국 문화는 옳고 미국 문화는 틀리고, 일본 문화는 괜찮고 중국 문화는 아니고…… 이런 생각 자체가 잘못된 것이지. 모든 문화는 교류 속에서 만들어졌어. 중국 문화의 영향 없이 한국 문화가 있을 수 없고, 한국 문화의 영향 없이 일본 문화가 있을 수 없지. 다문화가 문화인 거야. 우리가 보기에 엽기라해도 그 관습을 가진 사람들에게는 소중한 것이지. 반대로 우리가 신성하다고 여기는 것이 다른 이들에게는 우스꽝스러울 수 있어.

하여간 어떤 나라의 문화나 관습도 절대적으로 옳거나 맞을 수는 없다는 것이 헤로도토스가 『역사』에서 말하는 인문 정신이야. 인문 정신의 핵심은 '이것이 정말 맞을까?' 하고 끊임없이 질문하는 거야.

그래도 이상하고 수상해 보이는 풍습들

그럼에도 불구하고 21세기 한국의 시각에서 보면 참으로 요상한 풍습이 있었어. 헤로도토스가 소개한 몇 가지 엽기적인 풍습을 보자.

바빌론에서는 매년 한 번씩 결혼을 위한 처녀 경매를 했어. 가장 예쁜 여자는 가장 비싼 값에 팔렸지. 못생긴 여자를 고르는 남자는 돈을 받았어. 가장 못생긴 여자를 고르는 남자는 가장 많은 돈을 받았고. 이때 만약 여자가 자신을 고른 남자에게 싫다고 말하면 남자는 이 결혼을 할 수 없었어.

이집트에서는 여자가 서서 오줌을 누고, 남자는 앉아서 오줌을 누었어.

리비아에서는 남녀가 자유롭게 사귀었어. 여성이 아이를 낳으면 백일쯤 되었을 때, 여성의 남자친구를 모두 부른 뒤, 아기와 가장 닮은 남자를 아빠로 삼았어.

페르시아에서는 중요한 일을 정할 때, 모두 모여 술에 잔뜩 취한 채 결정했어. 그리고 다음 날 맨 정신으로 다시 결정을 했어. 두 결정이 일치하면 그 일을 추진했지.

페르시아에서는 사람이 죽으면 들에 버려둔 후 개가 끌고 다녀 갈기갈기 찢긴 다음에야 매장을 했어.

이집트인들은 누군가가 악어에게 물려 죽으면 '신'으로 다시 태어난다고 보고 성대한 장례를 치러 줬어.

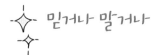
다음은 헤로도토스가 『역사』에서 "이거 나도 믿어야 할지 말아야 할지 모르겠으나" 하면서 전한 이야기들이야.

1. 흑해 동쪽 끝으로 나가면 흙과 돌뿐인 황무지 지역이 나타나는데, 이곳에는 어른 아이 할 것 없이 모두 대머리인 대머리족이 살고 있다.
2. 대머리족이 사는 지역 북쪽에는 몸은 인간, 다리는 산양인 종족이 살고 있다고 한다.
3. 산양 종족 너머에는 1년에 6개월 동안 계속 자는 인간들이 살고 있다고 한다.
4. 북쪽 어딘가에는 외눈박이 종족이 살고 있다고 한다.
5. 아라비아 지역에는 울긋불긋한 날개가 달린 뱀들이 떼 지어 살고 있다.
6. 인도에는 물고기를 잡아 날것 그대로 먹는 종족이 있다.
7. 인도에는 채식만 하며 살아가는 종족도 있다.

헤로도토스는 '물고기를 날것 그대로 먹는 종족', '채식만 하는 종족'이 있다는 사실을 무척 신기해하며 서술했어. 그는 물고기를 익혀 먹어야 한다고 생각했고, 고기는 먹지 않고 채식만 하는 것을 이상하게 보았지. 그렇다면 회를 먹는 우리나라나 일본 사람도 신기하게 보이겠지? 채식주의도 이상한 거겠지? 그렇지 않아. 회가 얼마나 맛있는데. 또 채식주의자들의 말을 들어 보면, 채식이 육식보다 좋은 이유가 100가지쯤 돼.

여기서 문제! 헤로도토스의 이야기에서 알 수 있는 사실은 뭘까?

1. 뭐든 잘 익혀 먹어야 한다.
2. 내가 옳다고 생각하는 것이 틀릴 수도 있다.
3. 채식이 최고다.

정답은 2번. 헤로도토스는 『역사』에서 그가 살았던 시대, 그리스 주변의 여러 나라 풍습에 대해 서술하면서 문화의 상대성을 이야기하고 있어. 앞에서도 이야기했지만, '단 하나의 올바른 문화'란 건 없는 거야. 나와 다른 문화, 풍습, 생각을 가진 사람도 존중해야 해.

 ## 노예들이 가장 무서워한 것은?

헤로도토스가 살았던 시대는 귀족, 평민, 노예로 이루어진 계급 사회였어. 노예의 종류는 다양했어.

1. 태어날 때부터 노예인 사람(부모가 노예인 경우)

2. 태어날 때는 노예가 아니었으나 살면서 노예가 된 사람(평민으로 태어났으나 집안이 망하거나 가난해져서 노예로 팔린 경우)

3. 왕족, 귀족, 평민이었는데 전쟁에서 지는 바람에 적국의 노예가 된 사람(나라가 몰락하면 왕도 노예가 될 수 있음.)

흑해 연안에 스키타이라는 유목민 종족이 살고 있었어. 이들은 싸움을 좋아해서 툭하면 전쟁을 벌였어. B.C. 7세기경에 스키타이족 남자들은 남쪽으로 내려와 메디아(지금의 이란)를 침공해 28년 동안 다스렸어. 그러나 기악사레스 왕 때 쫓겨나 다시 자기들이 살던 곳으로 돌아왔지.

스키타이족 남자들이 떠나 있는 동안 스키타이족 여자들은 그들이 부리던 노예와 결혼해서 아이들을 낳았어. 스키타이의 땅에서는 이제 노예와 그의 아이들이 주인 행세를 하며 살게 되었지. 스키타이족 남자들이 고국으로 돌아오자 국경에서는 그들이 부리던 노예들이 진을 치고 맞서며 입국을 막았어. 원래 주인이었던 스키타이족 남자들과 예전엔 노예였지만 이제는 주인 행세를 하는 남자들이 여러 날 동안 전투를 벌였어. 하지만 좀처럼 승부가 나지 않았지. 그러자 스키타이족 한 사람이 이렇게 제안했어.

"우리는 지금 우리 노예와 싸우고 있습니다. 노예가 죽으면 우리 재산이 축나는 것이고 우리가 죽으면 동포의 숫자가 줄어드는 것입니다. 둘 다 우리에게는 손해지요. 차라리 무기를 버리고 채찍을 내리치며 다가갑시다. 우리가 무기를 들고 있으면 저들은 자기와 우리가 대등하다고 여기겠지만, 채찍을 휘두르며 가면 저들은 곧 자신의 신분을 깨닫게 될 것입니다."

스키타이족은 그의 제안을 받아들여서 무기를 버리고 채찍을 땅에 내리치며 다가갔어. 그 소리를 들은 노예들은 과연 어떻게 반응했을까?

놀라운 일이 벌어졌지. 노예들은 채찍 소리를 듣자 깜짝 놀랐어. 28년이란 세월이 흘렀지만 그들은 잊지 않고 있었지. 채찍이 얼마나 아픈지를. 이 소리를 들은 노예들은 잠시 얼어붙은 것처럼 서 있다가 한 사람 한 사람 도망치기 시작했어. 아버지들이 도망치자 노예의 자식들도 따라서 도망쳤지. 이렇게 해서 스키타이족은 다시 자신들의 땅을 되찾을 수 있었어.

이 대목은 정말 많은 것을 생각하게 해. 어린 코끼리를 밧줄에 묶어 놓은 채 기르면, 그 코끼리가 자라서 밧줄을 끊을 힘이 생겨도 평생 거기에 묶여 있다고 해. 밧줄을 벗어날 때마다 채찍으로 아프게 맞은 어린 시절의 기억을 죽을 때까지 갖고 있기 때문이지.

우리는 자본주의 사회에서 살고 있어. 자본주의는 돈이 가장 중요한 수단이지. 돈이 있으면 많은 일을 할 수 있어. 물론 좋은 일도 할 수 있지. 하지만 돈의 노예가 되어선 안 돼. 돈이 많은 사람의 노예가 되어서도 안 되지. "딩동! 이달 말에 갚아야 할 카드 대금은 ○○○원입니다!"라는 문자가 스키타이족의 채찍처럼 들릴 수도 있어. 21세기 대한민국에서 누군가의 혹은 무언가의 노예로 살지 않으려면 정말 열심히 공부하고 책 읽고 생각하지 않으면 안 돼. 안 그러면 성인이 되어서 스키타이의 노예처럼 남의 말에 휘둘리며 살게 될지도 몰라.

9

『니코마코스 윤리학』

어떻게 살아야 행복할까? 아들에게 전하는 행복론

아리스토텔레스의 생애

아리스토텔레스(B.C. 384년~B.C. 322년)는 그리스 변방 스타게이로스에서 마케도니아 왕의 주치의 아들로 태어났어. 열일곱 살에 플라톤이 세운 아카데미아에 입학했는데 단연 최우등생이었지. 플라톤은 아리스토텔레스가 지각할 때면, 그가 오기를 기다렸다가 수업을 시작했다고 해.

B.C. 342년에는 마케도니아 왕자 알렉산드로스의 스승이 됐어. 알렉산드로스 대왕이 동방 원정을 떠나 대제국을 세울 때까지 두 사람의 사제지간 인연은 계속되었어. 아리스토텔레스는 B.C. 335년, 아테네로 돌아와 리케이온이라는 학당을 세웠는데, 12년 뒤에는 칼키스라는 곳으로 망명했어. 그때 아테네는 마케도니아의 지배를 받고 있었고, 알렉산드로스 대왕의 사망과 함께 아테네에는 반反마케도니아의 기운이 감돌았지. 아테네 사람들이 소크라테스에 이어 자신도 죽음으로 내몰까 봐 "아테네 시민들이 철학에 대해 두 번 죄를 저지르는 것을 막기 위해" 망명한 거야. 망명한 지 1년 만인 B.C. 322년

에는 만성 소화불량으로 세상을 떠났어.

알렉산드로스가 페르시아를 정복하고 나서 세상 최고의 부자가 되었을 때. 그는 옛 스승에게 편지를 보내서 "원하는 게 있으면 뭐든 말씀하세요. 보내 드리겠습니다."라고 해. 아리스토텔레스는 뭐라고 답장을 보냈을까?

1. 황금 한 수레를 보내게. 잘 먹고 잘 살고 싶네.
2. 동방의 책들을 보내 주게. 아직도 공부가 부족하네.
3. 페르시아의 아이들을 보내게. 그리스 말을 가르치고 싶네.

정답은 2번. 아리스토텔레스는 페르시아의 책들을 보내 달라고 부탁했어. 알렉산드로스는 스승의 소원대로 페르시아의 책을 모아 보내 주었지.

 아들아, 너는 이렇게 살아라

아리스토텔레스는 그의 아들 니코마코스를 위해 『니코마코스 윤리학』이란 책을 썼어. 이 책은 "어떻게 하면 행복하게 살 수 있을까?"에 대한 해답이야. 그런데 아리스토텔레스가 아들에게 행복하게 사는 법을 이야기한 것을 니코마코스가 받아 쓴 책이라는 설도 있어.

그렇다면 아리스토텔레스도 잔소리꾼이었던 걸까? 니코마코스는 아버지의 조언 혹은 잔소리가 좋았을까, 싫었을까?

이 책에서 아리스토텔레스는 행복하게 살려면 덕을 지녀야 하고, 용기, 절제, 관대함, 자부심, 온유함을 갖고, 좋은 친구들과 우애를 나누며, 쾌락을 누리되 자제하고 지혜를 추구해야 한다고 말해. 행복해지는 길, 참 쉽지?

문제는 불행해지는 길이야. 행복하기 위해선 수많은 방법이 있지만, 불행한 사람은 다음과 같은 이유 때문에 불행하다는 것이지.

얼굴이 아주 못생겼거나, 가난한 집에서 태어났거나, 외롭고 자식이 없는 사람은 행복해지기가 쉽지 않다. 또한 아주 못된 자식이나 친구를 가진 사람, 좋은 자녀나 친구와 헤어진 사람도 행복해지기가 쉽지 않다.•

뭐야, 아리스토텔레스가 외모 지상주의자였어? 얼굴이 아주 못생긴 사람은 행복해지기 쉽지 않다니. 그땐 성형 수술도 없었고 보톡스도 없었고 치아 교정도 없었으니 못생긴 사람을 고칠 방법도 없었겠지. (지금 태어난 걸 다행으로 여겨야 하나….) 하지만 멋지고 예쁘게 생긴 사람이라도 자기 외모에는 불만을 가질 수 있으니, 도대체 어떤 사람이 아름답고 어떤 사람이 그렇지 않은지는 쉽게 판단할 수 없지.

• 아리스토텔레스, 홍석영 옮김, 『니코마코스 윤리학』, 풀빛, 2005, 18쪽

아리스토텔레스는 일단 사람들이 사는 모습을 세 가지 단계로 나눴어. 표를 보자.

■ 삶의 세 가지 단계

단계 구분	향락적 생활	정치적 생활	관조적 생활
행복이란?	쾌락이 행복이다	명예가 행복이다	지혜가 행복이다
해당하는 사람은?	동물적인 사람	교양 있는 사람	신과 닮은 사람
이런 사람의 비율은?	대부분 사람들	소수 사람들	극소수 사람들

아리스토텔레스는 '향락적 생활'은 먹고 자고 싸는 것을 추구하는 삶의 단계로, 이는 동물도 하는 것이기에 인간의 최고 선이라고 여길 수 없다고 했어. 어떤 사람은 잘 먹고 잘 자고 잘 배설하는 것을 최고의 행복이라고 생각할 수도 있지. 아리스토텔레스는 아예 "대부분 사람들이 이것을 행복이라 믿는다."면서 그 이상을 추구하지 않는다고 말해.

향락적 생활에서 조금 발전한 단계는 '정치적 생활'이야. 이 정도만 되어도 괜찮은 수준이지. 명예를 추구하는 교양 있는 사람들이 여기에 해당해. 그러나 이것 역시 최선은 아니야. 명예란 자기 스스로가 만드는 것이 아니고 누군가가 주는 것이기 때문이야. 아이돌에게는 팬이 있어야 하고, 훈장을 받으려면 그걸 주는 사람이 있어야 하지. 학자로서 명예를 얻으려면 누군가가 그가 쓴 책을 사 주거나 그의 강의를 들어 주어야 하고, 동료 학자들도 인정해야 하는 거야.

아리스토텔레스는 여기서 한발 더 나아가 '관조적 생활'을 이야기해. 관조란 '고요한 마음으로 세상을 관찰하는 것'을 말해. 불교에서 관조는 '지혜로 사물의 실상을 비추어 보는 것'을 의미하지. 관조적 생활은 '타인이나 외부의 기준이 아닌, 나의 지혜로운 기준으로 평정심을 유지하는 상태'를 뜻해.

우리는 다른 사람의 말에 쉽게 상처를 받아. 머리를 산뜻하게 자르고 한껏 모양을 내고 나갔다고 치자. 친구들이 보고 이런 반응을 보이지.

"뭐냐?"(대부분의 중학생 남자들)

"머리는 왜 짧게 친 거야?"(대부분 어른들)

"그 미용실 다신 가지 마. 못생겨졌어."(일부 질투에 사로잡힌 애들)

사실 우리가 원하는 대답은 이런 거지.

"와, 머리 예쁘게 잘랐네."

그런데 이런 말을 해 주는 친구는 별로 없어. 우리는 앞의 세 가지 반응에 질리거나 상처받아서 곧 불행해지지. 그건 내 행복을 타인의 기준에 맡기는 행위야. 관조적 생활은 이런 타인의 기준에서 한발 떨어져 사는 것이야. 누가 뭐라 하든, 내가 멋지면 그만이야. 내 기준으로 살아야 해. 그

래야 행복에 가까워져. 아리스토텔레스도 "궁극적인 선은 자족적이다."라고 말했어. 자기만족이 최고의 선이라는 거야.

행복은 습관이 중요해

아리스토텔레스는 행복을 추구하기 위해서 이성적인 활동을 해야한다고 말했어. 생명 유지에 필수적인 먹고 자고 배설하는 일도 물론해야 해. 또 몸을 건강하게 유지하는 운동도 해야 하고. 하지만 가장중요한 것은 미덕에 어울리는 이성적 활동이야. 책도 읽고 명상도 하고 선한 일도 실천해야 하지. 그런데 이성적 활동을 한 번 했다고 행복해지는 게 아니야. 매일 반복하고 평생 동안 지속해야 해. 이에 대해서 아리스토텔레스는 유명한 말을 남겼어.

이성을 잘 실현하는 활동은 한 번에 그치는 것이 아니라 평생 동안 이루어져야 한다. 제비 한 마리가 날아왔다고 봄이 오는 것이 아니듯, 또한 하루아침에 여름이 되는 것이 아니듯 인간이 참으로 행복해지는 것도 하루나이틀 사이에 이루어지는 것이 아니다.

<hr />

● 앞의 책, 17쪽

미덕 혹은 덕이라고 번역되는 아레테arete는 원래 '탁월함'을 뜻해. 좀 더 자세히 말하면 '고유의 성질을 잘 발휘하는 것'이야. 여기에 '도덕적으로 좋은 행위'라는 의미가 더해졌지.

우리는 보통 이런 말을 해. "사람은 좋은데 실력이 부족해." 만약 고대 그리스에 가서 이런 말을 했다면 그들은 이해하지 못했을 거야. 아리스토텔레스 시대에는 "저 사람은 아레테가 있다."라는 말이 "그의 직업에서 뛰어나다."는 뜻이었거든. 가수의 아레테는 노래를 잘하는 것이고, 배우의 아레테는 연기를 잘하는 거야. 어떤 가수가 인간성은 좋은데 노래는 잘 못한다? 그럼 그는 아레테가 없는 사람이고 덕이 없는 인간이 되는 거지. (요즘에는 본업의 능력은 좀 부족해도 예능 프로그램에 나와서 웃기면 인기를 얻지.)

아리스토텔레스는 "아레테를 발휘하는 활동이 행복을 완성한다."라고 말했어. 한마디로 자신의 고유한 재능을 최고로 발휘해야 행복이 완성되는 거지. 할 일은 하지 않으면서 명상만 하거나 자신의 특기를 살리지 않은 채 착한 일만 한다고 해서 행복해지지는 않는다는 뜻이야. 자, 그럼 물어보자. 학생의 아레테는 무엇? 공부하는 것!

나를 사랑해 주는 사람을 찾자

행복한 사람은 배신하거나 쉽게 변하지 않는다. 그는 불운 때문에 흔들리지 않지만 행운 때문에 흔들리지도 않는다. 아주 큰 불행이 닥치면 고통받을 수 있겠지만 곧 고통에서 벗어나 행복을 되찾는다. 오랜 시간 동안 괴로워하더라도 결국 그는 큰 성공을 거두게 된다.●

'어떻게 하면 행복하게 살까?' 이 문제도 중요해. 하지만 더 중요한 문제는 '어떻게 하면 불행을 극복할까?'야. 아리스토텔레스는 불행이 닥치더라도 그 고통에서 벗어나 행복을 되찾는 게 중요하다고 이야기해. 현대 심리학에는 '회복 탄력성'이란 개념이 있어. 어려움이 닥쳤을 때 다시 정상적인 생활로 돌아가는 성질을 뜻해. 미국의 심리학자 에미 워너가 오랜 연구 끝에 발견한 인간의 성질이지.

에미 워너는 1955년에 인구 3만 명인 하와이 카우아이섬 종단 연구에 참여해. 종단 연구란, 오랜 세월 동안 연구 대상자를 계속 만나가면서 조사하는 것을 말해. 카우아이섬에서 태어난 신생아 833명 전원을 대상으로 한 이 연구는 20년 넘게 지속되었어. 조사 결과, 가난한 결손 가정의 아이들은 학교나 사회에 잘 적응하지 못했고, 가정환경이 좋은 아이들은 대체로 사회에 잘 적응했어. 여기까지는 뻔한 스토리야. 에미 워너는 다시 이들 중 특히 가정 환경이 열악한 201명을 대상으로 집중 연구를 했어. 이들의 특징을 볼까?

● 아리스토텔레스, 테렌스 어윈 옮김, 『니코마코스 윤리학Nicomachean Ethics』, Hackett Publishing, 1999, 킨들 에디션

1. 극빈층에서 태어났다.

2. 가정불화가 심해 부모는 별거 중이거나 이혼했다.

3. 부모 모두 혹은 부모 중 한 사람은 알코올 중독이나 정신 질환을 앓고 있다.

오랜 기간 추적하며 조사해 보니 역시 이들은 범죄 사건에 연루되거나 여전히 극빈층이 되는 등 부모와 비슷한 인생을 살고 있었어. 그런데 몇몇 아이들은 다른 정상적인 가정의 아이들 못지않게 성격도 좋고 사회성도 뛰어나고 자존감이 높았으며 학교 성적도 최상위권이었어. 그 이유는 무엇이었을까? 몹시 가난하게 자라고 부모의 폭력에 노출된 데다 결손 가정이었으면서도 훌륭한 청년으로 자란 이유 말이야.

워너 박사는 '열악한 가정 환경에서 자랐지만 유복한 가정에서 자란 아이들 못지않게 잘 성장한 청년들'에게 공통점이 있다는 것을 알아냈어. 그건 바로 사랑이었어.

그 아이의 입장을 무조건적으로 이해해 주고 받아 주는 어른이 적어도 그 아이의 인생 중에 한 명은 있었다는 것이다. 그 사람이 엄마였든 아빠였든 혹은 할머니, 할아버지, 삼촌, 이모였든 간에, 그 아이를 가까이서 지켜봐 주고 무조건적인 사랑을 베풀어서 아이가 언제든 기댈 언덕이 되어 주었던 사람이 적어도 한 사람은 있었던 것이다. 톨스토이 말대로, 사람은 결국 사랑을 먹고 산다는 것이 카우아이섬 연구의 결론이다. (……) 사랑을 먹고 자라야 아이는 이 험한 세상을 헤쳐 나갈 힘을 얻는 법이다.[•]

혹시라도 이 책을 읽는 여러분도 가난한 결손 가정에서 자란 데다 부모님에게 어떤 문제가 있다 해도, 절대 좌절해선 안 돼. 주변에서 여러분을 이해해 주고 사랑해 주는 한 사람을 찾아. 그런 사람 없다고? 없으면 만들어. 누구든 좋아. 삼촌이든, 이모든, 선생님이든, 누구든 여러분을 사랑하게 만들어. 여러분이 먼저 손을 내밀어도 돼. 사랑하고 사랑받는 존재가 되어야 해. 사람에게 사랑이 없으면 아무것도 아니니까.

 ## 뭘 해도 모자라지 않게, 지나치지 않게

아리스토텔레스는 쾌락과 고통을 잘 다루면 선하고 덕이 있는 사람, 즉 행복한 사람이 되고, 쾌락과 고통을 잘 다루지 못하면 악하고 부덕하여 불행한 사람이 된다고 했어. 놀고 먹고 마시며 쾌락을 누리는 일은 누구나 원하는 것이지. 하지만 때로는 거절하고 거부할 때도

• 김주환, 『회복탄력성』, 위즈덤하우스, 2011, 54쪽

바람이 너무 세.
오늘은 놀고 먹고 마실까?

쾌락의
바람

있어야 해. 하루 종일 술만 마시며 살 수는 없고 게임만 하며 지낼 수도 없는 법이지. 아리스토텔레스는 이렇게 충고해.

"헤라클레이토스는 '분노와 싸우는 것은 힘들다.'라고 했는데, 쾌락과 싸우는 것은 그것보다 더 힘들다. 하지만 공부나 덕은 언제나 힘든 것과 관계가 있다. 힘들게 얻을수록 좋은 것은 더 좋은 것이 된다."

그는 또 행복해지는 방법으로 '중용'을 강조해.

공포나 분노, 쾌락이나 고통은 너무 많이 또는 너무 적게 느껴질 수 있는데 어느 경우에도 좋은 것이 못 된다. 마땅한 때에, 마땅한 일에, 마땅한 사람들에게, 마땅한 동기로, 그리고 마땅한 태도로 이런 것을 느끼는 것이 중간이고 동시에 최선이다.

『논어』에는 이런 구절이 있어.

● 아리스토텔레스, 홍석영 옮김, 『니코마코스 윤리학』, 풀빛, 2005, 28쪽

공자께서 말씀하셨다.

"중용이 이루는 덕이 참 지극하구나! 중용을 오래 실천하는 사람이 드
물다."

아리스토텔레스는 이렇게 말하지.

미덕이야말로 중간을 목표로 삼을 것이다. (……) 중용은 미덕의 특징
이다. (……) 중용은 어떤 의미에서 최상이다.

중용이 극단이면서 최상이라는 거야. 공자님도 '지극하다.'라고 했
으니 두 분의 표현이 비슷한 거지. 아리스토텔레스는 또 이런 예를
들어.

원의 중앙을 찾아내려면 대충 해서는 안 된다. 원에 대한 전문적인 지식
이 있어야만 찾을 수 있다.

중용은 대충 적당히 중간 정도 하면 되는 게 아니라, 최선의 미덕
이자 탁월함이라는 거야. 전문 지식과 노력이 있어야 중용을 지킬 수
있는 거지. 동양 철학에서 말하는 중용도 중간이면서 극단이고 최선

● 아리스토텔레스, 천병희 옮김, 『니코마코스 윤리학』, 도서출판 숲, 2013, 76~78쪽

이야. 『중용』이란 책 마지막에 이런 구절이 있어.

> 『시』에서 "덕은 가볍기가 터럭과 같다." 했으나 터럭은 오히려 비교할
> 데가 있어, "하늘의 일은 소리도 없고 냄새도 없다."라고 하여야 지극하
> 다 할 것이다.

덕을 베풀 때는 소리도 없고 냄새도 없게 하라는 거야. 정말 어려
운 이야기지. 아리스토텔레스는 행복해지기 위해 모자라지도 지나치
지도 않게 중용을 지켜야 한다고 했어. 어떻게 하라는 걸까?

1. 두려움이 모자라면 무모해지고, 지나치면 비겁해진다. 두려움이
   중용을 지키면 용기가 된다.
2. 쾌락을 너무 모르면 인생이 권태롭고, 쾌락만 너무 추구하면 타
   락하게 된다. 쾌락의 중용은 절제다.
3. 돈을 너무 아끼면 인색해지고, 돈을 마구 써 버리면 낭비가 된
   다. 남을 돕는 데 돈을 쓰는 후덕함이 중용이다.
4. 명예를 모르면 비굴해지고, 너무 잘난 척하면 오만해진다. 적당
   히 자존감을 갖는 것이 중용이다.
5. 유쾌함을 모르면 무뚝뚝해지고, 너무 까불면 가벼운 사람이 된

● 이세동 옮김, 『대학·중용』, 을유문화사, 2007, 291~292쪽

다. 적당히 유쾌하여 중용을 지키면 재치 있는 사람처럼 보인다.

아리스토텔레스는 후덕함에 대해 설명하면서 "재물을 지닐 자격이 가장 충분한 사람이 실제로는 가장 적게 재물을 얻는다."라는 말을 했어. 후덕한 사람은 자기보다 남을 더 생각하고 재물을 기꺼이 다른 사람과 나누기 때문이라는 거야. 아메리카 인디언은 실제로 이런 생활 습관을 가지고 있지. 미국 프로 농구 감독 필 잭슨이 쓴 이야기를 들려줄게.

라코타 부족 사람들에겐 어떤 명예로운 일이 생기면 자신이 가진 값나가는 것 중 하나를 친척이나 친구, 가난한 사람 또는 노인에게 나누어 주어야 하는 의무가 있다. 그 때문에 이 종족의 지도자는 종종 가장 가난한 사람 중에서 뽑힌다. 몇 해 전, 나는 노스다코타의 라코타 부족 여성에게서 멋진 수제 담요를 하나 받았다. 그녀는 남동생이 주 농구 대회에 나가서 득점 왕으로 뽑혔다면서 내게 선물을 주었다. 그녀의 동생의 득점은 내가 1960년대에 세운 기록을 넘어선 것이었다. 그처럼 가문의 영광이 되는 일을 하면 그의 가족은 종족 전통에 따라 주변에 선물을 주어야 하는데 내가 운 좋게 받은 것이다.

● 데이비드 켐퍼 외, 『작가 주식회사Writer's INC』, Great Source Education Group, 2001, 22쪽

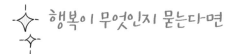
행복이 무엇인지 묻는다면

아리스토텔레스는 '행복은 덕에 따르는 활동'이라면서 덕을 다음
과 같이 나누었어.

지적인 덕: 지혜, 이해
도덕적인 덕: 너그러움, 절제

지혜와 이해심을 갖고 너그러움과 절제를 갖춘다면 훌륭한 덕이
있는 생활을 한다는 거지.

도덕적인 덕은 선택과 관계된 성품의 상태인데, 좋은 선택을 하려면 이
치도 옳아야 하고 욕구도 바른 것이어야 한다. 지적인 덕은 긍정과 부정
을 통해 정신이 진리를 얻도록 하는 것인데, 여기에는 다섯 가지가 있다.
학문적 인식, 기술, 실천적 지혜, 철학적 지혜, 이성이 그것이다. 도덕적인
덕이 주로 습관의 결과라면, 지적인 덕은 주로 교육을 통해 얻어지는 것
이다.*

학문적 인식은 무언가를 논리적으로 증명하는 능력이고, 기술은

• 아리스토텔레스, 홍석영 옮김, 『니코마코스 윤리학』, 풀빛, 2005, 104쪽

이치에 맞게 뭔가를 만드는 능력이야. 실천적 지혜는 좋은 것과 나쁜 것이 무엇인지 깊이 있게 잘 생각하는 능력이고, 철학적 지혜는 가장 고귀한 것이 무엇인지 생각하는 능력이지. 이성은 이 모든 것들이 근본적으로 어떤 원리로 이루어져 있는지 알려 주는 것이야. 아리스토텔레스는 "좋은 것은 어렵다."라고 했는데, 행복해지기도 정말 어렵지?

아리스토텔레스는 명예에 대한 중용으로 긍지를 이야기하면서 "행운이 와도 과도하게 좋아하지 않고 불행해져도 지나치게 괴로워하지 않는" 사람이 되어야 한다고 말해. 또 마음을 늘 고요한 상태로 유지하는 게 중요하다고 덧붙이지. 그러면서 '화내는 것'에 대해서 이야기해. 다음 중 아리스토텔레스가 말하는 '행복해지기 위해 올바르게 화내는 방법'은 뭘까?

1. 어떤 경우에도 화를 내지 않는다.
2. 친한 사람에겐 화를 내지 않고, 친하지 않은 사람에게 화를 낸다.
3. 마땅한 때에, 마땅한 방법으로, 마땅한 사람에게 화를 낸다.

정답은 3번이야. 당연히 화를 내야 하는데도 참고 있으면 노예와 마찬가지라고 했어. 친구나 가족이 모욕을 당하는데도 가만히 있으면 그것 역시 노예라는 거지. 그런데 가만히 생각해 보자. 우리 자신이 모욕을 당한다면? 이때도 무조건 참는 게 능사는 아니야. 적당히 화를 내는 게 좋아.

아리스토텔레스는 또 '우정'에 대해 이야기하면서 "내가 먼저 좋은 사람이 되어야 좋은 친구가 생기며 이때 좋은 우정을 만들 수 있다."라고 해.

이제 결론을 이야기해 볼까? 아리스토텔레스는 "지혜를 사랑하는 사람이 가장 행복하다."라고 말하면서 이 책을 마무리해. 돈이나 명예나 권력을 사랑하는 사람보다 지혜를 사랑하는 사람이 되어야 한다는 거야. '지혜를 사랑하는 사람'은 철학자야. 철학을 뜻하는 philosophy의 뜻이 '지혜에 대한 사랑'이거든.

그렇다면 어떻게 해야 지혜를 사랑하는 삶을 사는 것일까? 가장 중요한 것은 '질문을 던지는 삶'이야. 주어진 대로, 하라는 대로 아무

생각 없이 사는 것은 지혜와 거리가 먼 것이지. '왜 그럴까?', '왜 이걸 해야 하나?', '이건 옳지 않은 것 아닌가?' 이런 질문을 던지면서 해답을 구하는 삶. 이런 삶이 진짜 행복한 삶이라는 거야. 그러니까 오늘부터 생각 좀 하면서, 질문 좀 하면서 살자, 응?

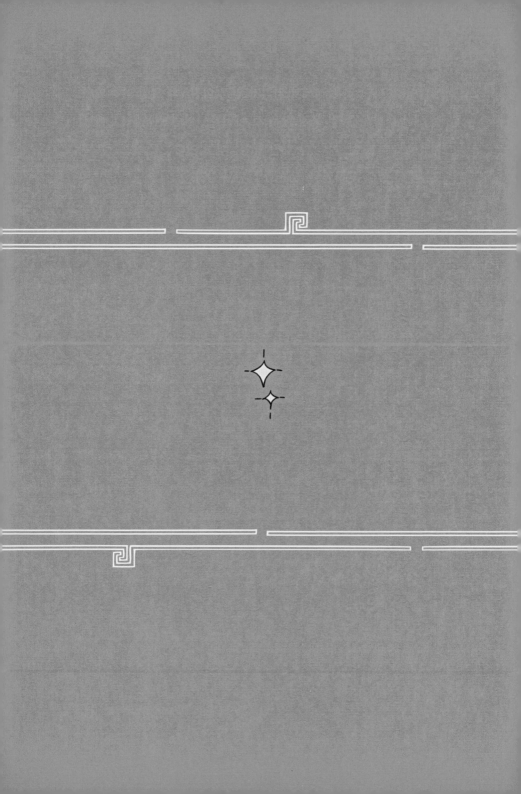

10

『플루타르코스 영웅전』

영웅은 어떻게 사람들의 마음을 얻을까?

귀를 쫑긋 세우게 되는 플루타르코스의 강의

플루타르코스(46년경~120년경)는 그리스의 카이로네이아라는 마을에서 태어났어. 청년 시절에 아카데미아(플라톤이 아테네에 세운 학당)에서 공부하고 로마로 이주해 철학을 강의했지. 박학다식했던 그의 강의는 로마 사람들에게 인기여서 유명인도 많이 들으러 왔어.

플루타르코스는 트라야누스 황제의 스승이 될 정도였어. 플루타르코스는 철학, 윤리, 자연과학, 종교, 문학 등에 대해 250여 권의 책을 썼는데 대표작은 『플루타르코스 영웅전』(이하 『영웅전』)이야. 『영웅전』은 그리스의 전설적인 영웅 테세우스부터 로마의 황제 오토(32년~69년)에 이르는 50인에 대한 이야기야. 이 중 그리스 아테네를 융성시킨 테세우스와 로마를 건국한 로물루스 등 비슷한 영웅들에 대해서는 서로 비교하며 서술했어. 그래서 책의 원래 제목이 『비교 전기Bioi Paralleroi』였지.

『영웅전』은 셰익스피어, 나폴레옹, 링컨 등 수많은 사람들의 사랑을 받아 온 고전이야. 플루타르코스는 영웅의 업적보다는 영웅의 사소한 행동이나 습관을 마치 눈앞에서 보듯 표현했어. 중간중간 재치 넘치는 문장을 넣어 읽는 재미를 더했지. 이 때문에 『영웅전』은 지금까지 많은 사랑을 받고 있어.

플루타르코스는 노년에 고향으로 돌아가서 마을 이장을 하며 지냈어.

철학자인 그는 아마도 마을의 중요한 일에 대해서 이렇게 이야기하지 않았을까?

"주민 여러분, 이장입니다. 요즘 우리 마을의 중요한 문제는 마을의 길을 넓히는 일입니다. 우리는 플라톤의 이상주의와 아리스토텔레스의 현실주의를 절충해 합리적 판단에 근거하여 너무 넓지도 좁지도 않게 길을 만드는 게 좋겠습니다. 이른바 중용이라는 것이지요. 무슨 말인지 아시겠지요?"

플루타르코스의 강의에 대해서는 다음과 같은 이야기가 전해져와. 로마에서 그가 강의하고 있을 때, 그의 친구인 호민관(시민의 대표) 아룰레누스가 와서 듣고 있었어. 강의 도중에 한 병사가 급히 뛰어들어오더니 아룰레누스에게 "황제의 편지입니다."라면서 두루마리를 전해 줬어. 순간, 모든 사람이 침묵했어. 아룰레누스는 병사에게 나가 있으라고 손짓했지. 플루타르코스는 그에게 편지 읽을 시간을 주기 위해 강의를 멈춰야 할까 잠시 고민하다가 다른 이들을 위해 강의를 계속했어. 아룰레누스 역시 강의가 다 끝나고 청중들이 흩어지고 나서야 편지를 펼쳐 보았지. 여기서 몇 가지를 알 수 있어.

1. 수업 도중에는 황제의 급한 편지가 와도 중단해선 안 된다. (우리도 대통령이 온대도 수업은 중단해선 안 돼.)
2. 선생의 임무는 강의를 계속하는 것이고 학생의 임무는 강의를 계속 듣는 것이다. (그러므로 수업 도중에 몰래 빠져나가거나 핑계를 대고 수업을 빼먹어선 안 돼. 이걸 전문 용어로 '땡땡이'라고 하지. 물론 누구에게나 일생에 한 번쯤은 고의로 학교 수업을 빼먹은 경험이 있어. 없다고? 그럼 사람이 아니야.)
3. 플루타르코스의 말은 황제의 말보다 중요했다. (최소한 두 사람의 말은 중요도가 맞먹어. 그래서 '군사부일체'라는 말이 생겼지.)

『영웅전』에 나오는 인물은 50명이라고 했지? 『영웅전』이 워낙 방대해서 등장인물을 모두 소개하는 것은 불가능하니까 여기서는 리쿠르고스와 알렉산드로스를 중심으로 이야기할게. 나머지는 여러분이 직접 찾아 읽어 보도록. (그게 이 책의 목적이야. 서양 고전을 여러분이 직접 읽어 보게 하는 것!)

스파르타의 기초를 세운 인물

리쿠르고스는 B.C. 9세기에 살았던 사람이야. 전설 속 인물이라고 도 하고 실제 인물이라고도 하지. 그리스의 역사가들도 '반쯤은 전설 인 실제 인물'이라고 해. 하지만 후대 사람들 대부분은 리쿠르고스가 그저 전설일 뿐이라고 생각해. 왜냐하면 그가 만든 제도가 너무 이상 적이어서 도저히 현실에 적용할 수 없다는 거야. 또 리쿠르고스는 사 람이 아닌 신에 가까우며 그런 완벽한 사람은 있을 수 없다고도 주 장하지. 그래도 세상엔 예수나 부처 같은 사람도 있는 법. 플루타르 코스는 이렇게 애매모호한 리쿠르고스에 대해 "가능한 한 믿을 만한 기록에 남은 이야기를 중심으로" 써 놓았어.

리쿠르고스는 스파르타를 위해서 다음과 같은 중요한 일을 했어.

1. 28명 정원의 원로원을 구성해서 왕의 독재를 막았다. (동시에 다 수의 힘에 의해 민주주의가 무책임해지는 것을 방지했어.)

2. 토지 개혁을 실시하여 모든 사람의 땅을 국가가 몰수하고 다시 분배해서 빈부의 차이를 줄였다. (이때 "스파르타의 부자들이 동 의했다."라고 플루타르코스는 기록했어. 이게 사실이라면 인류 역사상 전무후무한 일이고, 스파르타의 부자들도 대단한 사람들 이야. 누가 자기가 가진 재산을 선뜻 내놓겠어? 현재의 한국에서 는 있을 수 없는 일이지.)

3. 공동 식사 제도를 만들고 교육과 결혼에 대한 법률을 만들었다. (공동 식사 제도란 하루에 한 끼는 나라에서 모든 시민에게 무상으로 제공해 주는 거야. 굶어 죽는 사람이 없게 하려는 의도지. 한 끼만 먹고 살 수 있냐고? 이때 스파르타 사람들은 한 끼에 세 끼 분량을 먹었어.)

 ## 스파르타의 공동 식사 한 끼 분량은?

『영웅전』에는 스파르타 사람 15명이 공동 식사 때 먹는 음식량이 나와.

보리 1부셸 = 27.2킬로그램
포도주 8갤런 = 30리터
치즈 5파운드 = 2.26킬로그램
무화과 2.5파운드 = 1.1킬로그램
그 외 고기와 생선
참가자 중 누군가가 제사를 지냈거나 사냥을 했으면 제사 음식 또는 사냥한 고기가 추가됨.

이걸 한 사람 분량으로 환산하면 다음과 같아.

보리 = 1.8킬로그램(즉석 밥 한 개가 210그램이므로 즉석 밥 8.5개 분량)
포도주 = 2리터(와인 한 병이 0.75리터이므로 와인 두 병 반 분량)
치즈 = 150그램(슬라이스 치즈 1개가 20그램이므로 슬라이스 치즈 7.5개 분량)
무화과 = 73그램(약간 작은 무화과 1개 분량)
그 외 고기와 생선

결국 한 끼에 즉석 밥 8.5개와 와인 두 병 반, 슬라이스 치즈 7.5개와 무화과 하나, 그리고 고기와 생선을 곁들였지. 이렇게 먹으면 한 끼로도 하루 종일 배가 부르지 않을까?

골고루 잘 살기를 바랐던 리쿠르고스의 개혁

리쿠르고스는 스파르타 사람이 골고루 잘 살기를 바랐어. 토지 개혁을 실시해서 스파르타 사람에게 같은 면적의 땅을 나누어 주자 첫 추수 때 집집마다 쌓아 놓은 곡식단의 양이 비슷비슷했어. 리쿠르고스는 이곳저곳 돌아다니면서 만면에 웃음을 띠고 이렇게 말했지.

"이제 우리 스파르타 사람들은 유산을 골고루 나눠 가진 형제와 같소."

리쿠르고스는 스파르타 사람들이 사치스러워지는 것을 막기 위해 세 가지 방법을 택했어.

첫째, 금화와 은화를 모두 없애고 구리 동전만 사용하게 했어. 그런데 구리 동전은 너무 크고 무거워서 3만~4만 원어치만 해도 방 하나를 채워야 했어. 만약 시장에 가서 가방을 하나 사려고 해도 소가 끄는 수레에 돈을 싣고 가야 했지. 만약 명품 백을 사려면 어떻게 될까? 아마 수레 열 대는 필요하겠지? 그러다 보니 이런 상황이 되었어.

1. 스파르타의 '잘나가리아' 여사가 100만 원짜리 슈넬 백을 사고 싶어 한다.
2. 남편 '우칸다' 씨에게 돈을 갖고 시장에 가자고 한다.
3. 우칸다 씨는 구리 돈을 수레에 싣는다. 돈을 너무 많이 실어야 해서 싣는 도중에 우칸다 씨는 화가 나서 '욱' 한다.
4. 우칸다 씨는 아내에게 "그 백을 꼭 사야 하오?"라고 말하며 짜증을 낸다.
5. 잘나가리아 여사는 우칸다 씨와 부부 싸움 끝에 명품 백 사는 것을 포기한다.

이러다 보니 스파르타 사람들은 사치스런 물건을 사지 않았어. 돈을 숨겨 놓을 수도 없었고 뇌물로 줄 수도 없었지.

둘째, 사치스러운 것과 관계된 일을 하는 직업을 없앴어. 외국의 물건을 들여와 파는 장사꾼, 금은보석을 세공하는 사람들, 화려한 조각을 만드는 기술자, 점술가 등을 추방했어. 다만 침대, 의자, 책상, 컵처럼 꼭 필요한 물건을 만드는 사람들은 많아졌어. 또 리쿠르고스는 고대 그리스 사람들이 좋아했던 사치스런 목욕탕도 싫어해서 검소한 목욕탕을 만들도록 했어.

셋째, 공동 식사 제도를 도입했다고 앞서 말했지? 리쿠르고스는 이와 동시에 좀 특이한 법을 만드는데, 아무리 부자라도 공동 식사를 하기 전에 미리 자기 집에서 다른 비싸고 맛있는 음식을 먹고 나오지 못하게 했어. 그런데 다른 법에는 가만히 있던 부자들이 이 법에는 반대했어. 아마도 초밥이나 스테이크를 먹지 못하니까 화가 났나 봐. 이 정책을 발표하자 부자들은 리쿠르고스를 찾아와 항의했어. 리쿠르고스에게 갑자기 욕을 하며 돌을 던졌지. 리쿠르고스는 이 사람들을 피해 신전으로 들어갔는데 알칸데르라는 청년이 그를 쫓아와 막대기로 얼굴을 내리쳤어. 이 사건으로 리쿠르고스는 한쪽 눈이 찢어져 앞이 보이지 않게 됐고 많은 피를 흘렸어. 이를 본 시민들이 알칸데르를 붙잡아 리쿠르고스에게 넘겼지. 리쿠르고스는 그를 어떻게 처리했을까?

1. 똑같이 막대기로 때려 피를 흘리게 했다.
2. 자신의 지지자들에게 넘겨 알아서 처리하게 했다.
3. 알칸데르를 자기 집에 데려가 일을 시켰다.

정답은 3번. 리쿠르고스는 알칸데르를 나무라거나 혼내지 않고 집에 데려가 이런저런 일을 시켰어. 알칸데르는 잘못을 뉘우치고 리쿠르고스가 시키는 대로 했지. 그는 리쿠르고스를 만나서 새로운 사람으로 태어났어.

알칸데르는 리쿠르고스와 함께 그의 집에 살면서 그를 가까이에서 자세히 지켜보게 되었다. 리쿠르고스의 온화함과 성숙한 정신세계, 절제 있는 생활 방식, 부지런함을 보며 알칸데르는 깊은 경외감을 느꼈다. 그는 친구나 친척들에게 리쿠르고스처럼 따뜻하고 어진 사람은 세상에 없다고 말했다. 이리하여 알칸데르는 리쿠르고스를 통해 거칠고 무례한 청년에서 겸손하고 자제력 있는 인간으로 거듭나게 되었다.

리쿠르고스는 스파르타를 위해 좋은 일을 많이 하고 나이가 들어 스스로 곡기를 끊고 조용히 죽음을 맞이했어. 스파르타 사람들은 그를 존경하고 그의 업적을 기렸지. 리쿠르고스의 정책은 그가 죽은 뒤에도 500년 동안 지속되었다고 해.

스파르타 사람들은 어떻게 살았을까?

스파르타 사람들은 공동 식사를 하면서 농담하기를 즐겼어. 이때는 아무리 심한 농담을 해도 불쾌해해선 안 돼. 만약 대머리인 사람을 보고 "오, 자네 오늘 더 빛이 나는군." 하고 말하더라도 대머리인 사람은 화를 내면 안 되는 거야. 화를 내면 다음부터 식사에 초대받지 못했어.

식사가 끝나고 어두워져 집에 돌아갈 때 스파르타 사람들은 일부

● 플루타르코스, 홍사중 옮김, 『플루타르크 영웅전』, 동서문화사, 2007, 90쪽

러 불을 켜지 않았어. 어둠에 익숙해지는 습관을 기르기 위해서였지. 종종 아버지와 아들이 함께 공동 식사에 참여했는데 돌아갈 때 아버지는 아들에게 '어둠 속에서 적을 만나면 대처하는 방법'을 이야기해 주었어.

스파르타에서는 청년들뿐 아니라 처녀들도 벌거벗고 운동을 했어. 그들은 몸을 드러내는 것을 전혀 부끄럽게 생각하지 않았어. 오히려 처녀들도 신체를 단련하는 것이 건강한 아이를 낳는 데 좋다고 여겼지.

축제 때는 남녀가 나체로 춤을 추기도 했어. 누구든 이 춤을 구경할 수 있었지만, 나이 들어서도 결혼하지 않은 남자는 이 춤을 구경할 권리가 없었어. 나이 들어서 독신으로 사는 남자는 겨울이 되면 옷을 벗고 거리를 돌아다니며 "나는 바보라네~ 그래서 아직 장가도 못 갔지~"라는 노래를 불러야 했어.

스파르타의 결혼 풍습은 납치였어. 결혼할 나이가 된 남자가 여자를 납치해서 서로 좋으면 결혼을 했지. 스파르타 사람들은 좋은 자손을 얻기 위해 자기 아내를 유능한 남자에게 보내 자식을 낳게 하거나, 남의 아내가 마음에 들면 그녀의 남편에게 허락을 받고 자기 집에 데려와 자식을 낳게 했어.

✦ 알렉산드로스 리더십

"그의 살갗에서는 더없이 기분 좋은 냄새가 났고, 온몸과 입에서 향기가 뿜어 나와 옆 사람의 옷에 밸 정도였다."

『영웅전』에서 아리스토크세노스라는 그리스 철학자는 알렉산드로스를 '인간 향수'로 묘사했어. 알렉산드로스 대왕은 "머리를 왼쪽 어깨로 약간 기울인 채 유난히 눈을 빛내던" 젊은이였다고 해. 만약 우리나라에서 알렉산드로스 영화를 만든다면 어떤 배우가 어울리려나? 눈이 예쁜 남자 배우를 찾아야겠지?

알렉산드로스는 인간, 특히 남자라면 누구나 가진 세 가지 욕심에서 자유로웠다고 해. 그건 물질에 대한 욕심, 먹는 것에 대한 욕심, 여성에 대한 욕심이지.

알렉산드로스는 전쟁을 통해 얻게 된 전리품은 거의 전부 부하들에게 나누어 주었어. 선물을 주거나 선심을 베푸는 것을 전혀 아까워하지 않았지. 현재 가치로 수천억 원에 이르는 부하들의 부채 전부를 탕감해 주기도 했어. (진짜 통 크지? 어디 이런 상사 없나?)

알렉산드로스는 부하들의 일이 염려되어 모든 사람들에게 재산을 나누어 주었다. 어떤 자에게는 많은 토지를 주고, 어떤 자에게는 한 마을을, 그리고 다른 사람들에게는 항구를 주기도 했다. 그는 이렇게 신분에 맞도록 각각 재산을 나누어 준 다음에야 군비를 수송시켰다. 그러나 이

렇게 하느라고 그는 대부분의 왕실 재산을 다 써 버리고 말았다. 그러자 페르디카스가 그에게 물었다.

"대왕님 것으로는 무엇을 남겨 놓으셨습니까?"

알렉산드로스는 대답했다.

"희망이오.[•]"

아니, 어떤 부하에게는 항구 하나를 통째로 줬다니……. 만약 내가

● 플루타르코스, 이성규 옮김, 『플루타르코스 영웅전 전집』, 현대지성, 1998, 256쪽

알렉산드로스의 부하였다면 나는 그저 소박하게 부산항 정도 달라고 했을 텐데, 왜 지금 태어나서 이 고생이람.

 ## 알렉산드로스와 칭기즈 칸의 다른 점

알렉산드로스는 여자한테 정말 관심이 없었어. 이 대목은 칭기즈 칸하고 비교되지. 영국의 한 연구팀에 따르면 아시아에서 가장 많은 자손을 퍼뜨린 위인이 칭기즈 칸이래. 칭기즈 칸은 전쟁을 한 목적 중 하나가 바로 '여성을 얻는 것'이었다고 해. 마음에 드는 여성이 결혼을 한 상태라면 그녀의 남편을 죽여서라도 목적을 이루었지. 그 덕에 많은 자손을 얻었어.

그러나 인생을 통틀어 알렉산드로스가 사랑했던 여인은 딱 두 사람이었어. 다마스쿠스에서 만난 바르시네, 후에 박트리아를 점령하고 그곳에서 춤추는 모습에 반해 결혼한 록사나. 알렉산드로스는 페르시아를 점령하고 나서 다리우스 3세의 왕비, 딸, 후궁들을 보고 깜짝 놀라지. 아시아 최고의 미녀들이었거든. 그는 "너무 아름다워 눈이 아플 지경이군." 하고 쿨하게 한마디 하고는 그 여인들을 생명 없는 조각품 대하듯 하며 거들떠보지도 않았다고 해.

이쯤 되면 동성애자가 아닌가 하고 의심될 정도지. 고대 그리스 시대에는 남녀를 불문하고 동성애가 유행했거든. 이런 독자의 의문에 대해 플루타르코스는 친절히 답을 주고 있어. 지역의 장군들이 미소년을 천거할 때마다 알렉산드로스가 "날 뭘로 보고 이러느냐!" 하고 역정을 냈다는 거야.

심지어 알렉산드로스는 먹는 것에도 별 관심이 없었어. 알렉산드로스의 환심을 사려던 카리아 여왕이 날마다 맛있는 음식과 향기로운 과자를 보내고 나중에는 그녀가 데리고 있던 뛰어난 요리사까지 보내오자 대왕은 이렇게 말하지.

"저는 레오니다스 선생님으로부터 가장 좋은 식사법을 배웠으니 그런 요리사들은 필요 없습니다. 그분은 아침을 맛있게 먹으려면 야간 행군을 하고, 저녁을 맛있게 먹으려면 아침을 적게 먹으면 된다고 가르쳐 주셨습니다."[•]

 나의 관심사는 오로지 명예와 승부!

그럼 도대체 세상의 절반을 정복한 20대 왕은 무엇에 관심이 있었을까? 알렉산드로스는 명예와 승부에만 관심이 있었어.

• 앞의 책, 265쪽

일단 무슨 일이 있을 때는 다른 장군들과는 달리 술도 잠도 여자도 구경거리도 다 잊어버리고 오로지 그 일에만 사로잡혀 열중했다. 그렇기 때문에 그는 짧은 인생을 살았으면서도 그토록 위대한 업적들을 이룩할 수 있었던 것이다.

선택과 집중! 21세기 경영 이론을 2,300년 전의 영웅은 이미 알고 있었나 봐. 명예와 승부를 위해 그에게 꼭 필요한 것은 그를 따르는 충성스런 부하들이었어. 알렉산드로스는 전투에 늘 앞장서 싸우면서 모범을 보였고, 쏟아지는 화살 속을 뚫고 17대 1의 싸움도 마다하지 않으면서 솔선했지. 그의 휘하 장수들이 "왕께서 이러시면 안 됩니다."라고 충고했지만 그는 듣지 않았어.

알렉산드로스는 심지어 "돌격, 앞으로!"라는 명령도 내리지 않았다고 해. 전쟁터에 나가면 그의 부하들은 알렉산드로스가 어느새 맨 앞에서 말을 타고 적진을 향해 달려 나가는 모습을 목격했고, 부하들은 앞장서는 그를 보호하기 위해서라도 왕의 뒤를 열심히 따라야 했다는군.

이런 성격 때문에 곤경에 빠지기도 여러 번, 부상을 입은 것도 수십 번이었지. 상반신은 페르시아와 그 부근에서 입은 흉터로, 하반신은 인도와 그 근처에서 입은 상처로 범벅이 됐어. 아마도 알렉산드로

● 앞의 책, 265~266쪽

스는 '웃통 벗고 누가 더 흉터가 많을까?' 내기를 하면 늘 1등을 했을
거야.

 ## 병사들을 자신의 팬으로 만든 비결은 뭘까?

알렉산드로스를 따라 그리스를 떠난 수만 병사 중 많은 이가 세
상을 떠났어. 종종 왕에게 격하게 자신들의 의견을 펼치기도 했지만
그럼에도 마케도니아 병사들은 알렉산드로스의 열렬한 팬이었어.
어떻게 이런 일이 가능했을까? 물론 후하게 내리는 선물 때문이기
도 했어. 그러나 인도 원정을 앞두고 전리품의 양이 너무 많아서 움
직이기 힘들어지자 부하들은 금은보화를 모두 불태우면서까지 알렉
산드로스를 따랐어. 왜 그랬을까?

아마도 다음 장면이 알렉산드로스의 리더십을 잘 보여 주는 대목
이 아닐까 싶어. 그리스군은 페르시아의 다리우스 3세를 추격하느라
11일 동안 660킬로미터를 강행군하게 됐어. 마실 물이 떨어져 병사
들 대부분은 쓰러질 지경이었지. 이때 그 지역에 살던 사람들이 물을
길어 오다 알렉산드로스를 보고 투구에 물을 가득 담아 내밀었어.

알렉산드로스는 물이 담긴 투구를 받았다. 주위에 있던 사람들이 모
두 그를 부러워하며 투구를 바라보고 있었다. 그러자 그는 물을 한 방울

도 마시지 않은 채 되돌려 주며 감사의 인사를 몇 번이니 하면서 밀했다.

"나 혼자 물을 마시면 병사들의 갈증은 더 심해질 것이오."[•]

이 모습을 본 부하들은 뼛속까지 감동했어. 육체의 갈증은 여전했지만 영혼은 이미 해갈이 되어 '죽을 때까지 따르겠다.'라고 다짐하며 영웅을 우러러봤지. 2,300년 전 알렉산드로스를 모셨던 병사들은 행복했어. 역사에 남을 위인과 함께했기 때문이지. 아, 나도 알렉산드로스 같은 리더를 따르고 싶다.

여기까지가 『영웅전』에 있는 리쿠르고스와 알렉산드로스에 대한 내용이야. 『영웅전』을 읽으면서 여러분도 훌륭한 리더의 자질을 미리 배워 보는 건 어때?

• 앞의 책, 289쪽

참고한 책

1. 『신통기』

윤일권·김원익, 『그리스 로마 신화와 서양 문화』, 알렙, 2015

헤시오도스, 김원익 옮김, 『신통기』, 민음사, 2003

헤시오도스, 천병희 옮김, 『신들의 계보』, 도서출판 숲, 2009

2. 『변신 이야기』

김산해, 『최초의 신화 길가메시 서사시』, 휴머니스트, 2005

신동준 역주, 『서경』, 인간사랑, 2016

오비디우스, 데이비드 레이번 옮김, 『메타모르포세스Metamorphoses』, Penguin books, 2004

오비디우스, 이윤기 옮김, 『변신 이야기』, 민음사, 1998

오비디우스, 천병희 옮김, 『변신 이야기』, 도서출판 숲, 2005

위앤커, 전인초·김선자 옮김, 『중국신화전설1』, 민음사, 1999

3. 『일리아스』

명로진, 『짧고 굵은 고전 읽기』, 비즈니스북스, 2015

윤일권·김원익, 『그리스 로마 신화와 서양 문화』, 알렙, 2015

호메로스, 김원익 평역, 『일리아스』, 서해문집, 2007

호메로스, 로버트 페이글스 옮김, 『일리아드The IliA.D.』, Penguin books, 1990

호메로스, 천병희 옮김, 『일리아스』, 도서출판 숲, 2007

4. 『오디세이아』

호메로스, 로버트 페이글스 옮김, 『오디세이The Odyssey』, Penguin books, 1996

호메로스, 천병희 옮김, 『오뒷세이아』, 도서출판 숲, 2006

5. 『소크라테스 이전 철학자들』

강성률, 『서양철학사 산책』, 평단, 2009

김인곤 외 옮김, 『소크라테스 이전 철학자들의 단편 선집』, 아카넷, 2005

리처드 D. 맥키라한, 『소크라테스 이전 철학Philosophy Before Socrates』, Hackett Publishing Company, 2010

6. 『소크라테스의 변명』

명로진, 『짧고 굵은 고전 읽기』, 비즈니스북스, 2015

플라톤, 강철웅 옮김, 『소크라테스의 변명』, 이제이북스, 2014

플라톤, 벤저민 조웨트 옮김, 『6가지 위대한 대화Six Great Dialogues』, Dover Publication, 2007

플라톤, 황문수 옮김, 『소크라테스의 변명』, 문예출판사, 1999

7. 『향연』

윤일권 · 김원익, 『그리스 로마 신화와 서양 문화』, 알렙, 2015

토머스 R. 마틴, 이종인 옮김, 『고대 그리스의 역사』, 가람기획, 2003

플라톤, 강철웅 옮김, 『향연』, 이제이북스, 2014

플라톤, 원창화 옮김, 『소크라테스의 변명』, 홍신문화사, 2006

플라톤, 크리스토퍼 길 옮김, 『향연The Symposium』, Penguin Books, 1999

8. 『역사』

헤로도토스, 데이비드 그렌 옮김, 『역사The History』, University of Chicago, 1987, 킨들 에디션

헤로도토스, 박광순 옮김, 『역사』, 범우사, 1996

헤로도토스, 박수진 풀어씀, 『역사』, 풀빛, 2009

9. 『니코마코스 윤리학』

김주환, 『회복탄력성』, 위즈덤하우스, 2011

데이비드 켐퍼 외, 『작가 주식회사Writer's INC』, Great Source Education Group, 2001, 22쪽

아리스토텔레스, 천병희 옮김, 『니코마코스 윤리학』, 도서출판 숲, 2013

아리스토텔레스, 테렌스 어윈 옮김, 『니코마코스 윤리학Nicomachean Ethics』, Hackett Publishing, 1999, 킨들 에디션

아리스토텔레스, 홍석영 옮김, 『니코마코스 윤리학』, 풀빛, 2005

10. 『플루타르코스 영웅전』

플루타르코스, 아서 휴 클러프 편역, 『플루타르크의 삶Plutarch's lives』, Start Publishing, 2012

플루타르코스, 이성규 옮김, 『플루타르코스 영웅전 전집』, 현대지성, 2016

플루타르코스, 홍사중 옮김, 『플루타르크 영웅전』, 동서문화사, 2007

14살에 시작하는 처음 서양 고전

1판 1쇄 발행일 2020년 8월 27일 | 1판 2쇄 발행일 2021년 7월 12일

글쓴이 명로진 | 그린이 서은경 | 펴낸곳 (주)도서출판 북멘토 | 펴낸이 김태완

편집주간 이은아 | 편집 김정숙, 조정우 | 디자인 책은우주다, 안상준 | 마케팅 최창호, 민지원

출판등록 제6-800호(2006. 6. 13.)

주소 03990 서울시 마포구 월드컵북로6길 69(연남동 567-11), IK빌딩 3층

전화 02-332-4885   팩스 02-6021-4885

[Instagram] bookmentorbooks__   [Facebook] bookmentorbooks   [Mail] bookmentorbooks@hanmail.net

ISBN 978-89-6319-372-4 43160

이 도서의 국립중앙도서관 출판예정도서목록(CIP)은 서지정보유통지원시스템 홈페이지(http://seoji.nl.go.kr)와
국가자료종합목록 구축시스템(http://kolis-net.nl.go.kr)에서 이용하실 수 있습니다.(CIP제어번호: CIP2020033094)